eラーニング導入ガイド

NPO法人 日本イーラーニングコンソシアム=編

東京電機大学出版局

本書の全部または一部を無断で複写複製（コピー）することは，著作権法上での例外を除き，禁じられています．小局は，著者から複写に係る権利の管理につき委託を受けていますので，本書からの複写を希望される場合は，必ず小局（03-5280-3422）宛ご連絡ください．

本書によせて
eラーニングの活用には幅広い平衡感覚が大切

NPO法人 日本イーラーニングコンソシアム
会長 小松 秀圀

　いよいよ大企業でも有期雇用制などという成果主義的な制度が登場してきました。このような動きは決して一部の企業だけではなく，もはや世の中全般の傾向といえそうです。このように働く環境や企業活動に求められる特性の変化から鑑みて，eラーニングへの関心はますます高まってきているというよりも，"eラーニングは常識"という感覚になってきているようにさえ思えます。

　eラーニングとは，"情報システムのもつ機能性を，教育機能の構築に取り込むということ"とも考えられます。ITの力を教育の世界に持ち込んで新しい教育機能を構築するわけですから，eラーニングの可能性をフルに発揮すれば，これまでの教育の概念を超える可能性も秘めています。たとえばトラディショナルな教育のコストを下げたり，大量の教育プログラムを従業員に提供したり，多数の従業員に迅速に教育プログラムを提供したりと，誰にでも分かるメリットだけでもたくさんあります。提供側のシステムやコンテンツの充実と相まって，目に見える部分での魅力は増す一方です。

　このような活用法はeラーニングの基本でありきわめて重要な使い方ですが，可能性という視点から見ればほんの入門的な使い方ということもできます。eラーニングは新しい情報システムとして学びと業務の効率化を結びつけたJob Aid，やがては暗黙知に近い関連情報を共有するナレッジマネジメント，従業員の仕事の遂行力を管理するコンピテンシーマネジメント，人材・教育関連情報をシステム化するLMSなど，インテリジェントな人材を育成，業務支援，協業，マネジメントする情報化社会にマッチした新しい可能性を秘めているのです。

　eラーニングがその機能をフルに発揮すると，企業内教育や社会人大学院などを革新する力をもつゆえに，十分に活用するためには，"インストラクショ

ナルデザイン"のような社会人教育の専門理論などもほしいところです。また，このように多様な可能性をもつだけに，できれば知っていてほしいという知識もたくさんあります。しかし，これから取り組もうとする人にこれらの高度な知識を求めるのはかえって混乱を招くことになります。私の教育事業経験を振り返ってみても，eラーニングで現状を良くしようとする場合には，狭い分野を深く知っているよりも，多少浅くても広い視野をもったほうが成功しやすいと思います。

そこでNPO法人「日本イーラーニングコンソシアム」の広報委員会のメンバーが，これから取り組むという"eラーニング初心者"の方に，広い知識を分かりやすく解説したのが，本書『eラーニング導入ガイド』です。実用一辺倒な本ですが，eラーニングを間違いなく把握するためには格好の入門書であると思います。この本を踏み台にして，"ホップ，ステップ，ジャンプ！"と，新しい世界に挑戦していただきたいと願っています。

2004年2月

まえがき

　eラーニングは90年代にアメリカで生まれ，大きな発展を遂げました。日本でも長い助走期間を経て，いよいよ普及の時期を迎えています。企業内において単に教育に要する時間と費用を削減するだけでなく，スピーディに戦略的人材育成を進めようとするニーズが急速に拡大してきたためです。

　多くの場合，eラーニングの導入は人事部あるいは事業部門の教育担当の所轄になることでしょう。しかし，eラーニングはこれまでの集合教育とはその実施形態が大きく異なるために，導入と運営管理には新しい知識やノウハウを必要としています。教育研修の知識に加え，システムおよびコンテンツの開発や運営についての知識が求められるのです。また，情報システム部門との連携や外部のシステムベンダーやコンテンツベンダーとの協同も不可欠になります。eラーニングのもつ特性を発揮するためには，その活用法について知る必要があります。一方，eラーニング導入・運営に関する広い範囲の情報入手が難しいことも，eラーニングを普及する上での阻害要因になっていました。

　本書は，企業におけるeラーニングの円滑な導入と運営管理に必要な基礎知識を提供することを目的に刊行されました。現在eラーニングに関わっている実務者が，企業の実務担当者向けに平易に書き下ろしたものです。「日本イーラーニングコンソシアム」広報委員会に属するメンバーで分担執筆しましたが，その内容については合議を重ねて正確さを期しました。執筆分担は次のとおりです。

　　　土屋　洋（リクルート）　　　　　　第1章：導入決定
　　　　　　　　　　　　　　　　　　　　第6章：効果測定
　　　小川正夫（NTTラーニングシステムズ）　第2章：計画立案

金子一久（NEC）　　　　　　　第3章：システム構築
　　　　　　　　　　　　　　　第5章：運用管理
小林建太郎（デジタル・ナレッジ）　第4章：コンテンツ選択と制作
飯田哲也（イオネット）　　　　　作図，イラスト原案

　なお，導入済み企業12社から事例紹介をいただきました。紙面を借りて御礼申し上げます。

　さて，eラーニングをめぐる技術や手法は日進月歩ですから，新しい知識と情報の追加が求められます。本書に追加する新情報等は，「日本イーラーニングコンソシアム」のホームページ（www.elc.or.jp）を通じて提供を進めますので，ぜひご利用ください。

　本書が，企業におけるeラーニングの「導入ガイド」としての役割を果たすことを一同願っております。

用語について

● 受講と学習

　本書では，企業内教育において通常に使われている「受講する」「受講者」という用語を使用せずに，「学習する」「学習者」という言葉で全ページをほぼ統一しています。その理由は以下のとおりです。

　「受講する」とは，「講義」（＝先生が講釈する）を「受ける」意味ですから，学ぶ側が受身である要素を含んだ言葉と解釈できます。また，その教育の環境は対面の場面であることを示しています。まさに教室での講師による集合教育にふさわしい用語といえるでしょう。

　しかし，eラーニングはその利用には学ぶ者の意思や主体性が求められ，また学ぶ場所にとらわれない特性をもっています。したがって，集合研修で使われる「受講する」「受講者」をそのままeラーニングで使用するのは適切でないと考えました。また，eラーニングの先進国であるアメリカにおいては一般に集合教育ではparticipant（参加者）を用い，eラーニングではlearnerあるいはstudent（勉強する人）と，教育ごとに用語を区別して使っています。「学習する」は学ぶ者の主体を強く反映した言葉であると同時に，教育が行われるのが対面であるか否かを問わない言葉であると解釈できます。そのため，eラーニングを利用して学ぶことを示す用語には，「受講する」ではなく「学習する」という用語に統一しています。

●「コンテンツ」，「教材」，「コース」の使い分け

　本書では，学習内容を「コンテンツ」，「教材」，「コース」と3つの用語で表し，使い分けるようにしました。その違いを以下に説明します。

　「コンテンツ」とは，eラーニングにおける学習内容全般を指します。やや抽象的な概念で，システムや回線などの用語に対応して使われることが一般的です。しかし，狭義に学習内容，単元について使われることもあります。

　「教材」は学習の材料の意味で，学習の内容となる事柄を指す場合とそれを伝える媒体となるものを指す場合とがあります。教材研究の「教材」は前者であり，テキスト，資料，ビデオなどの「教材」は後者です。「教材」は，集合研修，eラーニングを問わず広く使われています。

　「コース」は，ひとまとまりの学習対象を表します。学習者の選択単位は「コース」であり，「コース」内容はさらにいくつかの単元で構成されます。「コース」という言葉は，eラーニングに限らず集合研修でも使われる用語です。

　しかし，これら教育内容を示す用語の間には明確な違いはないために，混同されて使われることもあります。

目　次

本書によせて　小松 秀圀　　　*i*
まえがき　　　　　　　　　　*iii*
用語について　　　　　　　　*v*

1 導入決定

1.1	eラーニングの導入から活用へ	*1*
1.2	eラーニングの目的と成果	*3*
1.3	目標・対象・テーマの決定	*5*
1.4	導入形態——イントラネットかASPか	*6*
1.5	社内のインフラとツールの点検	*9*
1.6	プロジェクトに必要な人材	*11*
1.7	社内の協力体制	*12*
1.8	学習するしくみの設計	*14*
1.9	トップを味方につける	*17*
1.10	学習する企業文化の形成	*19*
1.11	学習へのインセンティブ	*20*
1.12	導入後に予想される障害	*21*
1.13	小企業での導入	*23*
1.14	最初の導入は成功しなければならない	*24*
1.15	失敗事例から学ぶ	*25*

2 計画立案

2.1	計画立案を担当する組織	*30*
2.2	インフラの検討	*31*
2.3	段階的な目的の設定	*33*
2.4	eラーニング導入のための5W1H	*34*
2.5	対象や目標の絞り込み	*35*
2.6	コストの試算	*36*
2.7	ブレンディッドラーニングの設計	*39*
2.8	ベンダーの選び方と活用	*41*
2.9	運用体制	*45*
2.10	スケジュールと管理	*47*

3 システム構築

3.1	システム構築の手順	*53*
3.2	eラーニングシステムの要素	*54*
3.3	ネットワークとシステムの検討	*57*
3.4	社内システム部門との連携,役割分担	*60*
3.5	イントラ型eラーニング設計の留意点	*62*
3.6	ASP型eラーニングの特徴と活用法	*65*
3.7	LMSの選択	*69*
3.8	LMS導入の手順	*71*
3.9	学習管理機能	*73*
3.10	同期型学習システムの設計の留意点	*75*
3.11	映像情報の活用	*81*

4 コンテンツ選択と制作

- 4.1 eラーニングと集合研修の判断基準　*84*
- 4.2 汎用コンテンツの購入と自社制作　*85*
- 4.3 汎用コンテンツの選択とカスタマイズ　*87*
- 4.4 自社制作に必要な人とツール　*88*
- 4.5 サイズが重いコンテンツと軽いコンテンツ　*92*
- 4.6 コンテンツ開発の費用　*93*
- 4.7 音声と動画の導入　*95*
- 4.8 コンテンツ制作手順　*98*
- 4.9 コンテンツ制作のアウトソーシング　*100*
- 4.10 インストラクショナルデザイン　*102*
- 4.11 テスト問題の作成　*102*
- 4.12 FAQの作成　*105*
- 4.13 コースの更新　*106*
- 4.14 学習者に喜ばれるコンテンツと敬遠されるコンテンツ　*107*

5 運用管理

- 5.1 運用体制と人員　*110*
- 5.2 責任者を決める（eラーニング管理者）　*112*
- 5.3 トップの力の活用　*115*
- 5.4 現場のマネジャーのサポート　*116*
- 5.5 学習する職場の環境づくり　*117*
- 5.6 メンターとチューターの設置　*119*
- 5.7 学習ポータルの設置　*121*
- 5.8 学習者の登録とログイン　*122*
- 5.9 学習管理　*124*
- 5.10 コース紹介と学習申し込み受付　*126*
- 5.11 学習履歴を活用する　*127*
- 5.12 ネットワーク環境や機器の障害対応（ヘルプデスクサポート）　*128*
- 5.13 運用業務の外注化　*132*
- 5.14 成功例，学習者の声の収集と広報　*133*

6 効果測定

6.1	教育の評価	*137*
6.2	教育のROI	*138*
6.3	eラーニングの有効性の証明	*140*
6.4	学習効果の測定	*142*
6.5	業績を向上させるeラーニングの展開	*144*

eラーニング用語集　*149*
索　引　*171*

■事例紹介

鹿島建設株式会社	*26*
オリンパス株式会社	*28*
松下電器産業株式会社	*44*
日本マクドナルド株式会社	*50*
中国電力株式会社	*66*
トヨタ自動車株式会社	*75*
スカンディア生命保険株式会社	*77*
デジタルハリウッド株式会社	*91*
株式会社日立製作所	*122*
日本電気株式会社	*124*
富士ゼロックス株式会社	*130*
富士通株式会社	*134*

■コラム

HRMにおけるeラーニングの位置づけ	*16*
eラーニングのグローバル展開	*38*
eラーニングとナレッジマネジメントの関係	*42*
eラーニングについての情報入手先	*48*
携帯電話やPDAを使ったeラーニング	*56*
標準化の規格SCORM	*68*
バーチャル図書館（eライブラリー）	*80*
バーチャルプレゼンテーション，バーチャル講義	*83*
LMSを変更してもコンテンツは使えますか	*109*
eラーニングの今後は	*146*

1 導入決定

1.1 eラーニングの導入から活用へ

　eラーニングは一般的に「パソコンとインターネットを中心とするIT技術を活用した教育システム」と定義されており，コンピュータとネットワークさえあれば，いつでもどこでも学ぶことを可能にする教育手法です。定められた場所と時間に講師と学習者が集まらなければならないという制約があった従来の集合研修に比べると，そのメリットは際立っています。

　eラーニングを使えば，学習者は職場を離れずに学ぶことができます。たとえば，営業担当が職場の自席で新製品について詳しく知り，IT技術者が技術認定のコースを独習して資格をとることが可能になります。マネジャーは，業務のかたわらリーダーシップや管理者の役割について理解ができるでしょう。また，その教育コストに注目すれば，教育対象人数の増加につれて1人当たりのコストが逓減できることは，集合教育の時代には考えられないことでした。

　eラーニングは，ようやくわが国においても試行トライアルの時代を経て，活用・定着の時代に向かいつつありますが，その背景として次の5つがあげられます。

(1) ブロードバンド普及により大容量の通信回線を比較的安価に使えるようになり，eラーニングの機能を使いこなす条件が整ってきた。

(2) ベンダーから提供されるeラーニングの機能やサービス，コンテンツが充実するとともに価格が低下し，企業がいっそう利用しやすくなって

きた。
（3） 成功事例が増え，実践的なノウハウの交流も活発になり，企業組織で効果的に使えるとの認識が広がってきた。
（4） 経営者からの企業内教育の効率化やコストダウン，教育効果の向上などに対する要請が強まってきた。

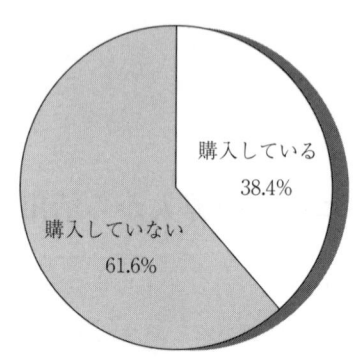

▶▶ 図1.1 eラーニング導入状況
　　先進学習基盤協議会調査（2002年，回答138社）

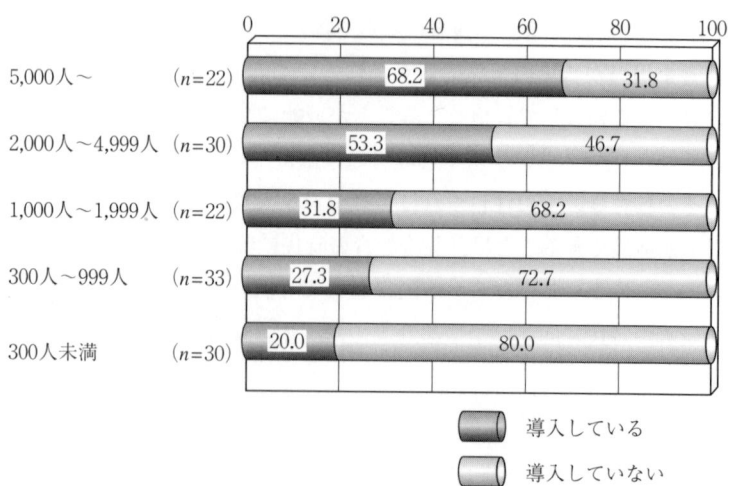

▶▶ 図1.2 eラーニング導入状況（企業単位，従業員規模別）
　　先進学習基盤協議会調査（2003年，回答138社）

（5） 新人事施策であるコンピテンシーマネジメントや組織の能力向上のための手段としてeラーニングが効果的であることが広まった。

　eラーニングが実用化され始めた頃は，そのメリットとして時間的制約からの開放と教育コストの削減が評価されました。そのために当初eラーニングは集合教育の効果的な代替手法として普及しました。しかし，普及にともない，eラーニングの有するポテンシャルが次第に明らかになり，その経営的な役割が注目されるようになりました。コンピュータとネットワークテクノロジーの特性であるスピード，同時処理力，個別対応力を活用すれば，eラーニングのメリットをさらに大きく拡大できることが知られてきました。

　つまり，企業の最も重要な経営課題である人材開発をインターネットのスピードで進め，個人ごとに異なる教育ニーズに対応し，競争力の強化が実現できるのです。eラーニングを企業内教育の新しい手段として位置づけるだけでなく，経営戦略推進のためのサポートツールとして位置づけて活用することが現実的な課題となろうとしています（図1.1，図1.2参照）。

1.2　eラーニングの目的と成果

　eラーニングが企業で活用されていく過程は，次の3つのレベルに分けることができます。

（1）　レベル1：集合教育の代替

　従来は教室で行われていた研修をeラーニングに替えることによって研修時間の短縮やコスト削減を図ろうとする試みです。eラーニングを使えば，全国に点在する従業員を1箇所に集めることなく，職場で学習させることが可能になります。それによって旅費の節約だけでなく就労時間も失わなくて済みます。集合研修は時間とコストがかかることから，必要な研修だからといってすべてを受講することには制約がありました。ところがeラーニングを利用すれば，学習の時間やコストの制約は少なくなります。アメリカのASTD（全米人材開発協会）の調査によると，導入企業では集合研修をeラーニングに置き換えることで教育コストの50〜70%の節減が実現しています。最も節減された

費用は研修に伴う旅費，滞在費でした。初めて導入する企業では，研修にかかわる時間とコストの削減をめざして，このレベル1からスタートすることが多いようです。

（2）レベル2：研修の高度化

より効果的な企業内教育を推進するためにeラーニングの特性を利用するケースです。たとえば，個人によって学習ニーズや学習レベルが異なっている場合は，個別対応が可能なeラーニングが威力を発揮します。学習者は多くのコースから自分の必要なコースを選んで学習し，必要に応じてチューターに自由に質問できるのです。数千人，あるいは数万人の対象者全員に必須のコースを短期間に一斉に学習させることもeラーニングを使えば可能になります。また，集合教育とeラーニングを組み合わせたブレンディッドラーニングによって双方の学習方法のメリットを引き出し，教育効果のレベルを高める試みが行われています。動画の配信やシミュレーション，理解度テストの実施も容易にできます。eラーニングのシステムに当該の機能が組み込まれていれば，コンピテンシー診断や個人別カリキュラム作成が実現できます。同期型学習システムを使えば，講師と学習者，あるいは遠隔地にいる学習者相互のリアルタイムのコミュニケーションも可能になります。個人の学習履歴が残りますからそれを人材開発や人事施策に活用することも可能です。

（3）レベル3：経営戦略の推進

日本ではまだ例が少ないのですが，アメリカでは経営革新や企業力強化のための武器としてeラーニングを導入しているケースが多く見られます。このような企業においては，eラーニングは教育手段というよりも経営戦略推進のツールと位置づけられます。業務推進に必要な知識やスキル，情報をeラーニングによって日常的に学習し，業績向上に結びつけようとする経営姿勢です。組織内では日々の学習が奨励され，学んだことを業務に反映することが重視されます。従業員の能力向上もまた企業競争の一面であるとの認識からeラーニングを奨励し，推進しています。このレベルにおいては，eラーニングの対象者が，自社の従業員だけにはとどまらず，販売会社・代理店，顧客へと拡大することがあります。

例としては，目標による管理制度浸透のためのマネジャー教育，コンピ

テンシーマネジメントの促進，IT資格取得者の拡大，営業担当の知識やスキルの充実，顧客や代理店への教育提供，ナレッジマネジメントの一環として，のようなテーマがあります。

一般的な導入プロセスとしては，レベル1から順に，検証を重ねながら，高いレベルへ移行していくのが現実的な対応になります。

1.3　目標・対象・テーマの決定

すでに日本でもeラーニングを導入済みの企業は数多くありますが，なかには効果を上げることのできない企業もあります。それらのケースに共通するのは，eラーニングの導入目的をあいまいにしたまま，「新しい手法だから」，「他社が導入しているから」との理由で導入していることです。eラーニングの運営方法や学習態度は，これまでの集合教育とはさまざまな点で大きく異なるだけに，従業員に受け入れられて学習効果を上げるためには，現状の分析と周到な計画，準備が必要になります。また，自社に適したeラーニングを設計し，無理なく運用することが求められます。多額の初期費用がかかるだけに，最初の導入の失敗は，次の計画推進に障害となります。したがって，安易にeラーニングに飛びつくことは禁物です。思いつきで実施して効果が上がるほどeラーニングが簡単ではないことは，事例が証明しています。また，eラーニングだからといって，すべてのコンテンツを新規で制作する必要はなく，既存の研修コースをウェブ化するだけでも効果的なこともあります。

導入の目標を明確にしなければ周囲の協力を得ることも難しく，教育効果を測定することはできません。対象とテーマも，具体的に明確化する必要があります。目標，対象，テーマを設定するにあたって検討すべきは，次のことがらです。

- その目標はeラーニング以外の方法では実現できないのか
- eラーニングに期待する効果は何か（コスト削減，時間短縮，学習スピード，能力向上，業績への影響，など）
- かけられる予算と獲得できる成果はバランスがとれるか

- 学習する対象者の選択は適切であるか
- 対象者はそのコースを学習すべき理由を理解しているか
- コースの内容やレベルは適切なものであるか
- 学習者の上司や周囲の人は学習を支援できるか
- 適切なテストやチューターを設けることができるか
- 学習によって能力の向上や業務の改善が期待できるか
- 学習効果の測定が可能か

1.4　導入形態——イントラネットかASPか

eラーニングの利用には，LMS（Learning Management System，ラーニングマネジメントシステム）と呼ばれる学習管理システムを社内のネットワーク（イントラネット）に設置するか，ASP（Application Service Provider，アプリケーションサービスプロバイダー）サービス会社からLMSのサービス提供を受けるか，のいずれかの形態をとることになります（図1.3，図1.4参照）。

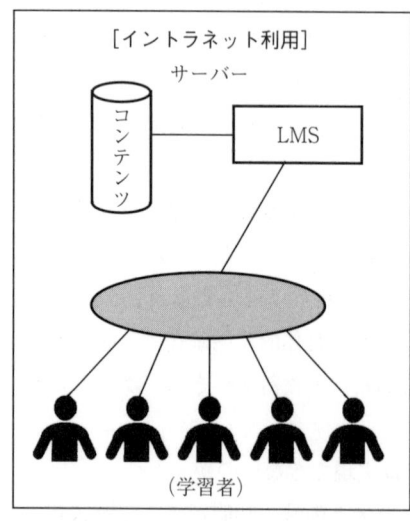

▶▶ 図1.3　イントラネット利用によるeラーニング

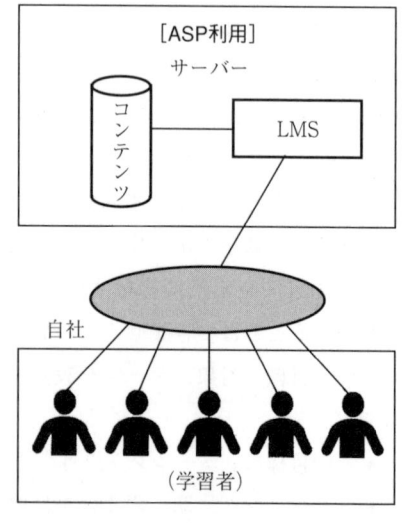

▶▶ 図1.4　ASP利用によるeラーニング

（1）イントラネットの利用

　LMSを社内のネットワークに設置する場合の利用形態です。コンテンツは汎用コンテンツを購入したり，自社で開発したりします。サーバーやLMS，コンテンツを自社で準備するために初期費用がかかります。ネットワークの容量やセキュリティにあまり神経を使う必要がありませんが，全国に広がる事業所での利用の場合や，自宅での利用が想定される場合には，社内のネットワークの回線容量やセキュリティポリシーなどを事前によく検討し，他のシステムの運用や実際のeラーニング学習に支障の出ないようにシステムを構築する必要があります。また，利用開始後はLMSの保守・運用をする必要があります。導入にあたっては社内システム部門の協力が不可欠であり，運用にあたっても緊密に連携をとることが必要です。

（2）ASPの利用

　ASPサービス会社からLMSのサービスを受ける形態です。独自にサーバーやLMSをもつ必要がないため，システムやネットワークの管理と運用の必要はありません。学習者にとっても，インターネットへつながる環境があれば，自宅でも職場でも利用することが可能です。また，コンテンツもASPサービス会社から提供を受けるので自社でそろえる必要はありません。そのために費用と人員はイントラネットに比較するとかなり少なく抑えることができます。

　インターネット経由でASPサービス会社のサーバーへアクセスするため，職場で利用する場合は，社外への回線接続状況を考慮する必要があります。また，セキュリティの面から社外へのアクセスを許可していない場合や，アクセス許可していてもファイアウォールが設けられていてアクセスできないこともありますので，事前に社内のシステム部門の担当者への確認が必要です。

　両者の比較を表1.1に示します。

（3）利用目的でASPとイントラネットを使い分ける

　ASPは規模の小さい組織でのeラーニング導入にふさわしい形態です。リスクが少なく手軽に始められるのが特徴ですが，自社独自のコンテンツや運用が

▼ 表1.1 イントラネットとASP

	イントラネット利用	ASP利用
回　　線	自社の回線を利用する	自社の回線を利用する
サーバー	自社のサーバーを使用する	ベンダーのものを使う
LMS	自社で購入する	ベンダーのものを使う
セキュリティ	一般にセキュリティは堅固であるが、社外での利用時はセキュリティが弱くなる可能性もある	インターネット接続のためにセキュリティは完全とはいえない
運　　用	自社で管理するために人員が必要になる	ベンダーが担当するので人員は不要
コンテンツ	自社で制作するか汎用コンテンツを購入する	ベンダーから提供される
人　　員	コンテンツ制作やLMSの保守・運用に人員が必要になる。システム部門の支援が必要	主な作業はベンダーに任せられるので人員は少なくて済む。システム部門がなくてもeラーニングが使える
費　　用	初期費用はかなり必要になる	比較的費用はかからない
準備期間	自前で必要な設備、システムをそろえるために費用がかかる	すぐに始められる

難しいという弱点があります。一方、イントラネットでのeラーニング導入はかなりの人員と費用を要するだけでなく、システム部門の協力が必要になりますが、自社に適した運用やコンテンツを自由に利用できるというメリットは大きいといえます。

　一応は、ASPは小企業向けの形態、イントラネットは大企業向けの形態といえますが、現実にはASPだけ、あるいはイントラネットとASPの2つの形態を併用している大企業も多くあります。これは利用目的によってイントラネットとASPを使い分けることによって自社のeラーニングを効果的に推進するためです。以下にその使い方の例を紹介します。

- **本格導入前のテストとして**　導入段階にイントラネットを採用していきなりスタートするのではなく，ASPサービスを使って社内で効果的にeラーニングが利用できるかどうかを検証し，その後で本格的にイントラネットで開始しようとします。ASPでeラーニングの導入方法をさまざまにテストした後に，イントラネットに切り替えて本格スタートする二段階方式です。
- **短期間の利用**　新卒内定者向けの入社前教育にはASPがよく利用されています。内定者はまだ社員ではないためにイントラネットの使用が難しいので，インターネットによるeラーニングで学習させます。このほかにも臨時的なeラーニングの利用には負担の少ないASPが使われることが多くあります。
- **全社での展開**　全社のネットワークやシステムの環境が整っていない場合にASPを利用してeラーニングを進める方法です。イントラネットでのeラーニング実施を可能にする社内のインフラ整備を待つのではなく，既存のリソースでeラーニングのメリットを早く得たい場合などにASPが使われています。
- **人員やリソースの効率活用**　イントラネット利用の場合は費用だけでなく，専任スタッフやシステムリソースをかなり準備しなければなりません。イントラネットを使ったeラーニングの実施で他のシステムに影響を与える可能性も生まれます。導入から運用に要する人員やコストも負担になります。しかし，ASPを利用することで，その負担を避けて効率的にeラーニングを導入しようとする大企業もあります。

1.5　社内のインフラとツールの点検

　eラーニングを計画するに先立って，自社のネットワークインフラとツールの現状を点検することが必要です。全社的にどの程度，ウェブへのアクセス環境が整っているかを確認し，導入可能なeラーニングの規模やスペックを想定するためです（表1.2参照）。具体的には，以下の確認をします。
　① 社外からもアクセスできるかどうかをチェックします。

▼▼ 表1.2　イントラネットの場合とASPの場合のチェックポイント

	イントラネットの場合	ASPの場合
ネットワーク	・事業所間の回線の状況を詳しく把握する。事業所間によって異なることもある ・社外から自社のサーバーにアクセスできるかをシステム部門へ問い合わせる	・事業所間の回線の状況を詳しく把握する ・社内からベンダーのサーバーにアクセスできるかをシステム部門に問い合わせる
回線スピード	利用できる帯域やピークの時期，時間帯を問い合わせる	同左
セキュリティ	社外からのアクセス時のセキュリティ対策をシステム部へ問い合わせる	社内のセキュリティ基準をシステム部へ問い合わせる。つながらないASPベンダーもあるため
サーバー	自社サーバーに余裕があるか否かをシステム部門に問い合わせる	不要
パソコン	1人に1台のパソコンが配備されているか。その機種や性能も問い合わせる	同左

② 回線速度をチェックします。地域や事業所によっては回線の太さが違っていることがあります。本社，支社間は専用線が引かれていても営業所へは公衆回線という企業もあります。ブロードバンドになっていれば問題はありませんが，対応できる最低限の回線スピードを決める必要があります。それによって配信できるコンテンツの品質が決まってきます。

③ セキュリティの状況をチェックします。企業のセキュリティ基準によってはASPの利用に制約を受けることがあります。

④ 全国の事業所で使用されているパソコンの機種や性能をチェックします。これも配信可能なコンテンツを決める要素になります。また，従業員に1人1台の環境が整っているかを調べます。

1.6　プロジェクトに必要な人材

　eラーニングを構成するテクノロジーとコンテンツ，サービスの3つの要素をベンダーに依存するASPでは，高い専門性をもった人材を社内に確保する必要はありません。しかし，自社のイントラネットを使ってeラーニングを始めようとするときには，さまざまな専門知識やスキルをもった人材を確保しなければなりません。

　eラーニングに特有の専門領域としては，インストラクショナルデザイン，情報デザイン，ウェブプログラミングやオーサリング，パフォーマンスコンサルティング，ネットワーク管理などがあります。これだけの専門家を社内で集めるのは容易でなく，コストもかかるでしょう。まして，それぞれの分野で新しい知識やスキルが次々に押し寄せている状況では専門知識を有した人材確保は難題になります。したがって，eラーニングの推進に必要なプロセスのすべてを自社内で処理するのではなく，コンテンツ開発を中心とする多くの部分をアウトソーシングに頼ることが現実的かもしれません。

　しかし，eラーニングをアウトソーシングする場合も，その大原則は，業務委託先のベンダーを管理するためのノウハウが社内にあることです。これは単なるベンダー管理のノウハウではなく，品質や効果を評価するだけのeラーニングの専門知識が必要という意味です。つまり，自社内にニーズアセスメントや教育効果の測定，ネットワーク管理，学習管理の運営，コーステストなどの知識や経験が要求されるでしょう。同時に，コースライブラリーの管理や社内の情報システムのサポートやソフトウェアのアップグレードを担当するシステム技術者は自社で確保する必要があります。これらの人材の確保は，これからeラーニングに取り組む企業にとってはハードルの高い課題になるでしょう。

　社内から適性のある人材を発掘し，教育すると共に自社に適したベンダーを選択することがeラーニングを効果的に進めるためには重要です。とりわけ自社のオリジナルコンテンツの開発をめざす場合には，人材確保は最優先の課題になります。

　このように，コース開発，運用管理においてシステム部門の理解と協力は

欠かせません。どこまでのサポートが期待できるのか，人的支援は可能なのか，アウトソーシング先との関係，システム構築のポリシー等について教育担当部門とシステム部門との間で十分な情報交換と話し合いをすることが必要です。

加えて強調したいのは，eラーニングを推進する部門のトップの役割です。これは，研修部門の責任者というよりも，新規事業の責任者としての資質が求められるポジションです。自社のeラーニング戦略を立案し，経営トップや各事業部から支持と協力を取りつけ，導入を成功させることがその任務です。まだ実績が少ない分野だけにリスクも大きく，自社にふさわしい手法を確立するのは容易ではないはずです。しかし，eラーニングのもつ可能性を引き出すことで，従来型の教育では得られないインパクトのある成果を創出することが可能です。責任者のアイデアやリーダーシップが重要なことはいうまでもありません。

1.7 社内の協力体制

集合教育の時代には，大企業において社員教育は事業部門ごとに実施するのが一般的でした。eラーニングもその延長で取り扱われるならば，事業部門ごとに導入が計画され，実施されることになります。しかし，同じ会社のなかに複数のeラーニングシステムが進行することから問題が生じる可能性があります。

社内で別々に複数のeラーニングが推進されれば，投資額は増大し，運用管理も重複します。専門知識を身につけたスタッフも多数必要になります。LMSが異なれば，全社共通のコンテンツは学習が困難になります。従業員にも混乱を与えるかもしれません。また，部門ごとにeラーニングの経験やノウハウをため込むことは，全社的に見ればeラーニングに習熟する機会の損失ともいえるでしょう。

社内にすでにeラーニングを実施している部門や現在計画中の部門があれば，共同での取り組みを検討すべきです。LMSを共同利用すれば初期投資額はもちろん，ランニングコストも削減できるでしょう。コンテンツも共通に利用できるかもしれません。学習ポータルを社内の複数の事業部門が共同で運営

している例は多くあります。予算やスタッフ，ノウハウ，経験を集中することで立ち上がりのスピードを上げ，成果を大きくすることが可能になります。アメリカの先進企業では，人材，予算，情報，テクノロジーの教育資源を集中し，eラーニングマネジャーのもとで全社一元的なeラーニングを推進するのが一般的になっていますが，一方で社内に複数のシステムを抱えることによる障害や非効率さを経験した企業も多くあります。

社内ですでに学習管理システムが稼働しているか，否かは重要です。eラーニングの導入に際して，社内の教育担当部門間での密接な連絡と協力は大切なテーマです。

eラーニングの推進には，集合研修とは比較にならないくらい社内外の多数の部署や人々の協力が必要です。多額の費用を要する新しいプロジェクトだけに予算を握るトップや役員クラスの支持は欠かせません。システム部門の全面的なサポートなしでは，ネットワークの管理ばかりか，システムの設置，運用管理も不可能です。またサービスの提供を受ける事業部門のマネジャーの理解と協力は，学習者の意欲や効果に大きな影響を及ぼします。つまり，eラーニングの導入には教育部門のプロジェクトというよりも全社プロジェクトとしての取り組みが求められるのです。

そして，eラーニングはこれまでとは大きく異なる学習方法であるため，コンピュータとネットワーク，コンテンツなどのハード面の要素よりも，組織的な運営の力量，言い換えればマネジメント力がeラーニングの成果を大きく左右するのです。社内にeラーニングについての理解を広げ，協力者を育てることに早期から取り組まなければなりません。

社内の協力をとりつけるにあたっては，それぞれの人に対して，その人とその人が属する組織がeラーニングから獲得できるはずの価値を理解してもらうようにします。とりわけ現場のマネジャーは，学習者を日常直接に支援する人だけにその役割は重要です。eラーニングのもたらすメリットを理解し，部下の学習を支援をしてもらう必要があるからです。部下の知識やスキルの向上がいかに職場の生産性や業績の改善に貢献するか，そのためにマネジャーにできることは何かを伝えることが必要です。学習者にとって，自分の職場の上司が学習することに価値を見出すかどうか，あるいは援助してくれるかどうかは，

自身の学習意欲に大きな影響を与えるものです。この働きかけもトップや役員の理解と支持があれば進めやすいのは当然です。

1.8　学習するしくみの設計

　サーバーにコンテンツを詰め込んでもeラーニングは進みません。eラーニングの実施にあたっては，コースをそろえるだけではなく，何らかの制度やしくみに組み込んで学習が促進できるようにする必要があります。しかし，eラーニングは，あくまで目的達成のツールですから，教育制度にだけ組み込むとは限りません。

　eラーニングを使う形態は以下の6つに分けることができます。自社や職場のニーズに合わせて学習するしくみを設計することが必要です。

　（1）　コース単体受講型

　コースをそろえて希望者，あるいは所定のグループ（職種や職級，事業部）に属する対象者に自由に学習することを認める方法です。いわゆるカフェテリア研修がその代表ですが，学習者に偏りが生まれるとか，履修率や修了率が低いなどの問題が生まれやすいので，その欠点を克服する工夫が必要です。

　（2）　テーマ限定一斉学習型

　対象者全員が一定の時期までに一斉に学習することを義務づける方法です。早期に組織内に徹底する必要のあるテーマをeラーニングのコースとして対象者に受講させるわけです。通常，部門や職場の課題に対応する重要テーマが選ばれます。たとえば，マネジャー対象ならコンプライアンスや改訂された人事制度の学習などのテーマです。営業部門なら新商品の知識学習だったり，技術部門なら新技術の習得だったりします。短期間で一斉に学習を完了することにより業務の遂行をスピードアップできます。

　（3）　資格認定コース型

　業務に必要なIT技術資格認定や社内資格の取得のために必要な学習です。資格取得を促進するために就労中の学習も奨励されて，資格取得時には給与にプラスされる場合もあります。通学に比べて時間やコストが削減されるのがメリットです。

1 導入決定

（4）集合教育との連動型（ブレンディッドラーニング）

集合教育の一部をeラーニング化して時間とコストの短縮を図る方法です。知識部分はeラーニングで学び，集合教育でインタラクティブな研修を体験して理解を深めるねらいです。マネジャー教育のほかに職種別教育でも利用されています。

（5）人事制度連動型/コンピテンシーマネジメント

目標管理制度と組み合わせて能力開発を進める方法です。人事考課において上司が部下を評価して，強みと弱みを指摘します。部下はその弱みを改善するための学習をeラーニング利用によって行います。上司はOJTを通して部下の学習を支援します。その繰り返しによって能力向上を進めていきます。この強みと弱みをコンピテンシーとして扱うとコンピテンシーマネジメントになります。この方法を導入するには豊富なコンテンツをそろえることが必要になります。

（6）パフォーマンスサポート型

従業員が業務上で必要な知識や情報を就労中に調べたり学んだりしながら，その場で得たことを職務に生かす業務密着型のeラーニングの導入方法です。1つのコースを時間をかけて学習するのではなく，テーマに即してコースを選んで必要な部分だけを短時間で学習するスタイルに特徴があります。この方法を採用するには豊富なコンテンツが必要です。一方で，通常の学習進捗管理は必要ありません。eラーニングのコースを学習するのではなく，道具として使いこなすことが目的になるからです。

これら形態の違いは，eラーニングへの期待の違いから生まれたものです。したがって，eラーニングをどのような目的で活用するかを定めれば，その利用形態はおのずと決定されます。大切なのは，多くのコースを並べることではなく，学習の必然性のある制度やしくみを作り，その制度やしくみ中に適切なコースを用意することです。また，どの利用形態でも組織や上長の学習支援が成果を左右しますので，マネジャーへの趣旨の徹底は重要です。

HRMにおけるeラーニングの位置づけ

　HRMとは，ヒューマンリソースマネジメント（Human Resource Management）のことで，従業員のビジネス活動の成果や人材開発による能力向上を総合的に把握し，従業員の能力の最大限の活用と継続的な人材開発を図る人事管理手法を指します。一般的にHRMでは，従業員を総合的に活用できるよう情報システムを用いて管理します。このため，HRMといったときには，このような人事管理手法を包括した総合人事管理システム全体を指すこともあります。一般的に従来は，給与や福利厚生と人事情報は別々に管理されていましたが，HRMでは従業員ごとに成果やスキルアップに対する評価を統合的に把握し，管理する点がポイントで，従来の人事情報システムとは大きく異なります。また，従業員の能力スキルを管理，分析し，それぞれの職務に必要な研修を実施するような，効果的な人材育成が可能になることも特徴です。

　HRMでは，従業員の評価などをシステム管理しますので，従業員個々のスキル等の情報を測定・数値化して入力する必要がありますが，eラーニングの運用管理に使うLMSではもともと成績や進捗度が数値化されていますから，HRMと優れた親和性をもちます。

　たとえば，eラーニングからの情報と，HRMからの情報を総合すれば，従業員個人ごとの能力やスキルの状況，学習履歴，キャリア計画，学習進捗状況などが一目で把握できるため，適切な人材配置の検討が容易になります。あるいは，社内で新規プロジェクトを作る際に，eラーニングが統合されたHRMを用いれば，必要な人材の候補を瞬時に抽出でき，プロジェクト全体のスキル構成や人件費を調整しながら選定できるなど，企業戦略にフレキシブルに対応できる人材管理が実現できます。このように，日々変化するビジネス環境下において，企業の戦略システムとしてのHRMはeラーニングの統合により大きな効果が発揮されます。

　また，eラーニングが統合されたHRM環境下では，従業員が自らのスキルレベルを知りその上で学習計画を作成し，多数のコースの中から必要なコースを自由に学習できるのが一般的ですから，従業員にとっても，スキル向上やモチベーション向上の点でメリットがあります。能力スキ

ルの診断やアドバイスもウェブを通して実施されるため，このeラーニングによる学習システム導入の費用や運営の業務は，同じ規模の集合研修を実施することと比較してきわめて少なくて済みます。全体的な導入/運用コストから考えても，HRMはeラーニングと統合して導入するように検討するのがよいでしょう。

HRMの概念図

1.9　トップを味方につける

　アメリカでのeラーニングの事例を分析したレポートによれば，経営トップ，あるいは役員レベルのサポートが得られないとeラーニングが成功する可能性はかなり低いことが知られています。

　逆に，成功事例のほとんどは経営トップの強い支持と指示で成功を勝ち取っていることが特徴です。まずeラーニングの新規導入には多額の予算が必

要ですが，なによりも経営トップは予算を握っています。また，多くの場合，eラーニングの導入は教育のパラダイムシフトになります。従来の集合教育とは，その考え方も準備も，実施方法も大きく違っているからです。コンテンツ，LMS，ヘルプデスク体制，運用管理等、検討事項も多いためには，中心となって推進するリーダーが必要となります。また，社内でeラーニングを浸透させるためには，各部門長の協力や，利用環境の整備が必要です。また，就業時間中に学習することができるような職場風土を作る必要があります。これらの課題は，eラーニングを推進する上で大きな壁であり，うまく対処できないとeラーニングの実施が遅れ，成果が不十分に終わる要因になります。

　上記の壁を低くするためにもトップの理解や協力が得られれば効果的です。トップから各部門長にeラーニングの推進を指示することで社内の調整業務がスムーズにいきます。また，eラーニング推進者を任命することで，eラーニング導入は具体的な作業へと進みます。

　トップにeラーニング推進を決意させるポイントは次の2つです。

（1）　利益の上がるビジネスであることを強調する

　eラーニングの導入のために必要な費用と導入から得られる利益（研修コストと時間の削減，機会損失の防止，従業員の能力向上，教育のスピードアップ，人材開発における競争力の強化等）を比較して，高い投資効果が期待できることを強調します。

（2）　他社の成功事例を紹介する

　成果を上げつつある企業のeラーニングへの取り組みを具体的に紹介することで，自社における導入イメージを経営トップに描いてもらうことが可能になります。自社と同様の課題を抱えた企業や同じ産業に属する企業のケースがより効果的です。

　そして，eラーニングが導入された後は，そこから得られた教育効果をトップに詳しく報告する必要があります。たとえ所期の目的を達成しなくても，原因の検証と対策をあわせて報告し，改善へのリーダーシップを依頼することです。

1.10 学習する企業文化の形成

　eラーニングは，テクノロジーとコンテンツだけでは成功しません。組織の協力や運営のしくみが成否を分けるからです。学習することに価値が置かれ，日々学習に参加することが奨励されているような組織では，eラーニングの成果が上がりやすいのは当然です。そのためには，学習が従業員の重要な活動，すなわち生産的な活動であって時間の浪費ではないことを理解する文化が社内になければなりません。逆に，このような文化が組織内に存在しなければ，従業員が日常業務と平行して学習を続けることは困難が大きいでしょう。したがって，eラーニングを推進するためには，社内のすべての組織と階層において，学習を尊び，奨励する企業文化を醸成することを目標のひとつとして取り組まなければなりません。

　学習する企業文化を育成するための方策として以下のことが効果的でしょう。

（1）　上司が部下の学習活動に責任をもつしくみを作る

例）マネジャーが部下の人事考課において強み・弱みを指摘し，その解決策としてeラーニングによる学習を勧める。学習の指導や業務でのOJTを通して部下の能力向上を支援する。

（2）　学習を業務の中に一体化する

例）資格取得や新しい業務知識の学習をeラーニングによって可能にすることで業務と学習の結びつきを強める。インターネットにより業務上必要な知識や情報がすばやく得られるようになっている。

（3）　提供された知識への対価を払う

例）新しい手法や知識を開発した個人や他人の学習をサポートした人を高く評価する。

（4）　相互に学び，教え合える関係をつくる

例）教える側と教わる側を固定することは望ましくない。優れた知識やスキルを互いに提供し合い，さらに大きな成果をめざせるようにする。

（5）　支払い能力の有無による制限をなくす

例）研修受講における課金制度を廃止して，誰もが費用負担なしで希望コー

スを学習できるようにする。
（6） アクセスをできるだけ簡単にする
例）回線スピードの増強，手続き不要のアクセス，社員向けサイトにeラーニングへのリンクを置く，就労時間中のアクセス認可，など

1.11 　学習へのインセンティブ

　eラーニングは，いつでも，どこでも自由に学習することを可能にしますが，同時に学習しない自由ももたらします。職場で業務の合間に学習するわけですから，学習する側に強い意欲がなければ学習をスタートできず，仮にスタートしても学習を途中で中断してしまうことは明らかです。したがって，学習を継続させるためには，学習者を動機づけるインセンティブを効果的に使うことが必要です。その方法には，以下のようなものがあります。

（1） 1コース修了で賞品を支給

　数年前にアメリカのある日系企業は，eラーニングを本格的に開始するにあたって全従業員に1コースを修了するごとに賞品を出すことを決めました。1コース修了でチョコレート1枚かビール1缶を支給したのです。1200人の全従業員が対象であったので会社ぐるみで大いに盛り上がりました。3カ月の期間限定でしたが，従業員のほとんどが1コース以上を学習して賞品を手にしました。こうした賞品授与は分かりやすいので注目を集めるには効果的ですが，「本筋」とはいえないので次第に効果は落ちてきます。

（2） 学習に評価を与える

　コース修了者に対して何らかの評価を与える企業は多くあります。簡単なのは修了書の授与です。学習した努力が認められれば，誰でも達成感が得られ，うれしいものです。ほかに，修了者としての登録と評価があります。これは学習したことを社内資格として認定しようとするものです。人事データに学習履歴が記録されて，個人のキャリア上も重視されます。企業の中には，学習実績を人事考課で尊重したり，昇進昇格時に評価対象にしたりするケースがあります。

(3) 目標管理制度に学習を組み込む

 効果的なのは，目標管理制度と学習制度を統合して運用することです。人事考課時に，マネジャーが部下の強みと弱みを明らかにして，改善課題を部下に提示します。その改善のための学習テーマを具体的に示し，受講すべき研修（集合研修も含む）を協議して決めます。そうすれば，部下は能力向上のための学習へ向かうことになります。マネジャーが職場において部下の学習を支援すれば，さらに学習への動機づけが可能になります。学習目的が明確になるとともに上司からのサポートが加わるために学習者にとっては取り組みやすい方法です。

(4) コンピテンシー強化として

 あるアメリカの金融会社には1000以上のeラーニングコースが用意されていたのですが，その利用は活発とはいえませんでした。ところが，ある年に全社の職種，職級ごとのコンピテンシーを公表すると，突然にeラーニングの利用が急増しました。調べてみると，社員の多くは，自分の1つ上のポジションに必要なコンピテンシーを調べてそのコースを学んでいました。昇進を意識させることで学習意欲を刺激し，eラーニングが促進されたわけです。他社の例でも，コンピテンシーに結びつけてeラーニングを提供して成功しているケースが多くあります。このように，コンピテンシーマップに対応するコースをそろえると社員の自主的な学習が促進できることが知られています。

 こうしてみると，eラーニングを促進させるインセンティブとは人事制度やコンピテンシーと連動したものであることが分かります。社員に学習を強制するのではなく，「学びたい」「学ばないといけない」と考えさせ，学習することで得られるメリットを知らせることが，社員を自主的な学習に向かわせる重要なポイントになります。

1.12　導入後に予想される障害

 企業においては，どんな制度でも導入時には数々の課題が発生するものです。同様にeラーニングの導入にあたってもさまざまな障害が発生します。一般によく見られる障害として次のようなものがあります。

（1）従業員の変化への抵抗感

人間は習慣の動物であり，変化を好まないものです。なじんだ習慣や方法を変えるには抵抗がともないます。たとえば研修参加を息抜きだと思っていた人にとっては，eラーニングには魅力を感じないでしょう。また，新しい技術に懐疑的な人はeラーニングが効果的な学習手段とは信じないでしょう。このような抵抗感を和らげるには，事前に十分な説明が必要です。

（2）eラーニングのスタッフ不足

導入にあたっては，eラーニングの計画を立案したり，eラーニングのコンテンツを開発したり，チューターが務まる人が新たに必要になります。また，システム部門からの支援スタッフも必要です。そうした人材はどの企業でも不足しています。したがって，人材の採用や外部への業務委託を検討しなければなりません。

（3）新技術への対応力不足

eラーニング技術の大半は新しいものであって，日進月歩で変化しています。また，eラーニングの基準も少しずつ変化しつつあります。そのためベンダーから購入したコースが他のベンダーから提供されたプラットフォームで動かないことがあります。技術の変化に対応できる予算的あるいは人員的余裕を見ておくことが必要です。

（4）ブロードバンドへの対応力不足

多くの従業員はインターネットへは遅いスピードでアクセスしています。また，メールやウェブページを見るには十分でも，ストリーミングビデオや音声を含んだコンテンツを使いこなすにはネットワークの帯域が狭すぎるのが現状です。できる限り良好なネットワーク環境を整備するか，環境の整備が困難な場合にはCD-ROMなどのメディアの活用も検討しましょう。

（5）オリジナルコンテンツ制作力の欠如

必要なコンテンツを既成品から入手できることがありますが，得られないこともあります。その場合は自社で制作するか制作を外部に委託することになりますが，それには時間と費用と専門スタッフを要します。

（6）予算の制約

通常，研修費は年初に決定しています。しかし，eラーニングではさまざま

な勘定科目での新たな追加コストが発生します。あたかもIT組織を立ち上げるようなものです。そのためIT部門とはコミュニケーションを密にし目標の共有を行って，予算の確保や対応組織の整備にトップ層の理解を得ることが重要です。

1.13　小企業での導入

　eラーニングを小規模に導入するには，ASP形態の利用が適します。ASP形態の場合は，eラーニングのシステムを保有するのではなく，eラーニングのシステムやコンテンツも借りるという考え方です。eラーニングプラットフォームを販売しているベンダーの多くがASPサービスも提供しているので，各ベンダーのサービス機能や価格を調査し，最適なサービスを選択します。

　ASPサービスは同期型eラーニングに限らず，非同期型eラーニングも多くあります。日本イーラーニングコンソシアム（eLC）のホームページにある「製品検索サイト」を利用すれば提供ベンダーの状況が分かります。

　ASP形態では，自社でLMSなどの設備を保有しないため，システムの保守運営を行う技術スタッフを置く必要がないというメリットがあります。また，コンテンツについての学習者からの問い合わせには，ASPサービス会社がチューターを用意して対応するのが一般的です。またコンテンツを買い取った場合には有償となるバージョンアップについても，ASP利用であれば最新のコンテンツで学習することができますので，買い取りに比べて高いように見えるコンテンツ利用料も，スタッフの業務を必要としない点，あるいはバージョンアップの手間や費用が不必要な点などを考慮すると必ずしも高いとは限りません。サイトのデザインをカスタマイズすれば，社員の目には自社のサイトに見せることは可能です。したがって，小規模のeラーニングを実施する場合には，ASPの利用が有利になる場合が多いといえます。

　ASP利用でなく，LMSを自社で運用したい場合には，少ないライセンス数（利用者数）でも対応できるLMSを購入し，利用者が増えた段階で徐々に利用者数ライセンスを増やすという方法もあります。ベンダーで提供しているパッケージコンテンツを利用し，期間限定で利用すれば，コストを抑えて導入でき

る場合があります。ウェブコンテンツのみで学習し，学習管理サービスが不要など，限定された機能での利用でも差し支えない場合は，流通している無料のLMSの利用も想定できますが，通常は技術サポートやメンテナンス等のサービスが付属していませんので，企業教育の利用としては十分に考慮して利用する必要があります。

　eラーニングを小規模で実施する場合でも，ASP利用やLMSを購入しての利用で対応可能ですから，ぜひ試してみることをお勧めします。

◀1.14　最初の導入は成功しなければならない

　どの企業においても，どのような種類のものであれ，新しいシステムや手法の導入に関しては社内の注目が高く，それに失敗すれば，以降の計画進捗に大きな影響を与えます。逆に，最初の成功は，次の計画を順調に進める確かな力になります。したがって，最初の導入計画は十分に検討して慎重に進め，必ず成功に導かなければなりません。

　一般に，eラーニングが所期の成果を上げない場合は，システムや技術の要因は少なく，組織的な支援体制や運用方法に問題があるケースがほとんどです。それを避けるために，なによりも対象者とコースを慎重に選ぶことが必要です。また，事前に社内の協力体制や運用管理のしくみを入念にチェックすることが必要です。また，eラーニングは集合研修に比べて学習者の意欲が学習効果にそのまま反映するので，学習者への動機づけや周囲の学習支援，チュータリングには力を入れたいものです。しかし，最初だからといって，過大に予算をかけないことも大切です。初めて扱うプロジェクトの場合は，どこの部分に費用をかければ効果的かを判断しにくいことが多いからです。そして，もし，失敗したときには，その過大な予算がやり玉にあがることは間違いないでしょう。また，eラーニングの効果を過大に前宣伝することにより，実施後にその効果を検証することが難しくなるようなことも同様の理由で避けるべきです。むしろ，対象やコースを限定することで小さく試みて確実に成果を上げ，徐々にその成果を大きくしていく手法を採用するのが賢明でしょう。導入の過程で学習を積み重ねることで，対象やコースの拡大と運用方法や技術の高度化が進めや

すくなるからです。

　まず導入の最初のケースで成功事例を獲得して，これをeラーニングの有効性の証として社内に広く知らせましょう。そのために学習進捗の記録や学習者および上司の評価，感想などを収集して成果を明らかにし，それをレポートにまとめて関係者に伝達することが必要です。ビジネスの世界では，データの裏づけのある成功事例は，どんなビジョンや論理よりも強い説得力をもつからです。同時に，初回の導入のプロセスで起こった弱点や不十分さを見逃さず，今後の課題として明らかにすることが必要なのはいうまでもありません。小さな成功でも確実に積み重ねることで，ノウハウが蓄積されます。同時にeラーニングの有効性がさまざまに証明され，社内の理解と支持を拡大することが可能になるのです。

1.15　失敗事例から学ぶ

　これまでの失敗事例を分析すると，以下の共通の原因が浮かんできます。
（1）　トップの支持がない
　社員が忙しい業務の合間に学習を続けることは困難をともないます。多忙さが学習を続けられない格好の口実となります。本来なら学習者を支援しなければならない上司もそれに同調しがちです。したがって，仕事を優先するあまり学習を低く評価する考えを一掃し，よい仕事をするためには学習が不可欠であるとする方針への転換が求められます。それを最も効果的に推進できる人がトップです。アメリカでも日本でもeラーニングで成功した企業のほとんどはトップダウンで実施していますが，逆にトップの支持や支援が得られない企業では，定着までに多くの時間を要しています。
（2）　学習する風土，文化がない
　学習に対する組織の風土は，とりわけeラーニングの推進には大きな影響を与えます。知識の獲得はイコール能力向上を意味し，その先に業績の拡大があるとの認識を組織がもてば，社員の学習を後押しするようになるからです。しかし，その認識が欠けている組織では，業務の中で学習を始めることは周囲の抵抗を受けるでしょう。また，本来は部下の学習を支援すべきマネジャーが学

習の障害者になることも多くあります。

（3）　個人課金/カフェテリア研修

　受益者負担を社内教育に持ち込む企業は多くありませんが，カフェテリア形式での研修制度を採用する企業には自助努力の名目により課金制をとるところがあります。たとえ1コース数千円でも，学習者から料金を徴収すると極端に申し込みが少なくなります。ある大企業のケースでは，対象者が2万人以上いても数十名しか申し込みがなく，しかも申込者の顔ぶれはいつも同じでした。もともと学習テーマと業務との関連が薄いとの判断もあっての課金制ですから，社員に人気がないのは当然です。

（4）　上司・先輩社員のサポートがない

　職場の自席で学習することが多いので，周囲からの励ましや助言の有無は学習者の意欲に大きな影響を与えます。したがって，前もって担当部署から上司，先輩社員宛てに趣旨を伝え，本人への動機づけとサポートを依頼しておく

事例紹介　鹿島建設株式会社

　鹿島建設株式会社は，建設現場における労働災害防止策として，eラーニングによる労働安全衛生教育を全社で導入することを2001年に決定した。現在，建築系技術者約1,500人が学習中である。ビジネスパートナー（専門工事会社）にも本格的展開を開始し，2003年11月からは建設業界全体に展開，業界で年間約600人で推移している死亡災害やその他の災害削減に取り組んでいる。

　早期にスタートするために，LMSは自社開発せずに市販のソフトに若干のカスタマイズを加えた。特に重点をおいたのは学習者本位の運営を可能にするLMSの構築であった。そのため，学習者のモチベーションを高めるレスポンスの速さやユーザービリティなどでベンダーに対して厳しい要求をした。市場には販売されていない安全教育のコンテンツを独自に制作した。膨大な自社のデータベースの中から実際の災害事例を加工してコンテンツとし，技術者が即現場で活用できることに留意した。

べきです。しかし，そうしたサポートやプッシュが期待できないと，通常は修了率が低くなります。

（5）チューター，メンターがいない

eラーニングは，個人学習が基本ですから，学習者が途中で不明な箇所に出合い，疑問をもったときには，タイミングよく答えてもらえれば，学習ははかどります。しかし，そのまま放置され，疑問が残ったままだと，学習者は継続する意欲をなくしてしまう可能性が生まれます。学習者がコースの途中にこうしたことに何度か遭遇すれば，学習の意欲をそがれることは間違いありません。

（6）アクセスがしにくい

受講申請が面倒である，1人1台のパソコンが与えられていない，パソコンが旧式で機能が不十分である，回線速度が遅い，何ページもスクロールしなければならない，パソコンスキルが未熟である等の状況は，学習者をeラーニン

メンターは，学習者のやらされているという感じを払拭し，モチベーションを高めることに注力している。学習者はイントラネット，インターネットで会社，自宅，海外で勉強しているので，メンターは365日24時間対応の姿勢で対応している。

また，本社の支援者は「管理」という言葉を禁止し，あくまで威圧的な態度や言葉を慎み，学習者を支援するというスタンスで対応している。システム運用は，本社担当者1名と外部委託1名で運営され，運営コストの削減も進んでいる。

効果測定指標としては，短期的には労働災害件数の減少を，中長期的には社員のスキルアップによる社員の生涯価値向上と企業のロイヤルティ向上を掲げている。本格運営から1年7カ月が経過した時点では，災害件数は前年度同月累計比で25％の減少効果が確認された。なお，安全衛生教育はeラーニングだけでなく集合教育も併用の形で現在も行われている。これは，両者のよさを生かすことで効果を上げることが可能との考えによるものである。

最近では，本社がeラーニングの学習を指名した社員以外にも学習志願者が広がってきた。eラーニングで習得した知識をもとに国家資格取得に挑戦するような社員も現れている。

グから遠ざけるに十分な理由です。
（7）就労時間中のeラーニング禁止
　業務と学習を切り離し，業務時間中のeラーニングを禁止している企業は少数ですがあります。これは，学習と業務の関連を少ないとみなす企業側の認識の反映であり，同時に就労後の疲れた状態での学習を促す態度です。つまり，学習者に負担を強いることにつながり，学習に対する社員の意欲を低下させるとともに学習時間の確保を難しくします。
（8）業務に直結しないテーマ
　学習者にとっては，学習した結果が自らの業務に反映することが最も効果的なインセンティブになるはずです。学んだ知識やスキルを仕事で使ってみたら役立った，効果的であった，うまくいったなどの経験が学習の喜びであるからです。しかし，そうした経験に結びつかないと思われるテーマは学習者にとって心理的負担になるため，学習意欲が起こりにくいのは当然です。

事例紹介　オリンパス株式会社

　2003年4月入社予定者にeラーニングを使って内定者フォロー教育を実施した。対象者は大卒150名，高専卒7名，短大卒3名の計160名であったが，そのうち希望した134名が受講した。期間は10月の内定式後から4月の入社までで，企業理解，マナー学習，入社前ワークスタンスの整理の3コースを全員に学習させた。4月入社後に実施された新人教育では，内定期間中に学習したテーマの実践編として，自社理解，マナー実習，今後1年間のワークスタンスの整理を集合研修にて教育した。eラーニング学習後のアンケートでは，「このコースで学習したことは今後仕事に生かせるか」との問に「非常に生かせる」20％，「生かせると思う」71％と，肯定的な意見が90％を超えた。この結果から，2004年入社の内定者には全員に内定者フォローコースを受講させることが決まった。

（9） コース内容やレベルが適切でない

　指定されたコースが学習者の業務にとって必要でない内容が多かったり，あるいは難しすぎたり，やさしすぎたりすれば，たちまち学習者はそのコースへアクセスすることを拒否するでしょう。学習の主導権は学習者にあるのですから，学習内容は学習者にとって必要かつ適切なものでなければなりません。

（10） 学習へのインセンティブがない

　学習の結果の見返り，つまりインセンティブが与えられないと学習者の意欲は高くならないでしょう。このインセンティブは多様に解釈できます。周囲からの評価と賞賛，修了証，金銭的メリット，業務上の利益，資格の獲得，昇進昇格，などです。

2 計画立案

2.1 計画立案を担当する組織

eラーニングの導入が決定した後は，図2.1のように進めていきます。

計画立案からシステムの検討・構築，これと並行してコンテンツの選択や開発から試行・実際の運用・評価といった順です。

計画立案の段階では，eラーニングの主管となる人事部門や教育部門などがイニシアチブをとって検討を行いますが，後に続くシステム構築，コンテンツ選択・開発，試行・運用・評価の段階がスムーズに進められるように，それらの段階に携わるシステム部門などの関連部門の人員を検討スタッフに加えます。したがって，計画立案には，表2.1のようなスタッフ編成で臨むとよいでしょう。システム部門などの関連部門のスタッフとは目的を共有するためにスタッフ間のコミュニケーションを密にし，eラーニング実現のためのサポート

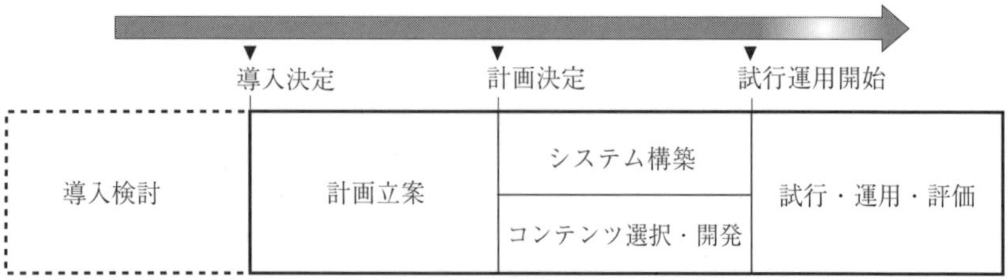

導入検討	計画立案	システム構築	試行・運用・評価
		コンテンツ選択・開発	

↑導入決定　　↑計画決定　　↑試行運用開始

▶ 図2.1　導入決定後のeラーニングの導入の流れ

2 計画立案

▼ 表2.1 計画立案スタッフの役割

スタッフ	役割	所属
統括スタッフ	全体のリーダーとしてとりまとめを担当	人事部門や教育部門や事業部門の教育担当などから選出
システム構築スタッフ	システムの検討や構築計画を担当	情報システム部門などから選出
コンテンツ検討スタッフ	コンテンツの選択や開発の計画を担当	人事部門や教育部門や事業部門教育担当などから選出
運用検討スタッフ	運用段階の実施計画を担当	実施対象となる事業部門の教育担当などから選出

役に徹してもらいます。

また，計画立案組織を機動力のあるチームにするために，なるべく小人数で，かつ関連する業務に精通したメンバーで構成します。そのため，全社一斉のeラーニング導入など大規模なものでない限り，各スタッフは1～2名にとどめます。また，運用段階でシステム面とコンテンツ面の両方で学習者に対するサポートが必要なため，システム構築やコンテンツ検討のスタッフが運用検討スタッフを兼任することも考慮します。実際には十分な準備期間がとれないままに導入に至り，事業部門の対応が遅れて学習が進まないことも起こりがちです。全社の協力を得てeラーニング導入をスムーズに行うためには，スタッフにとってはやりにくくても，組織を経営層に直接報告できるようにしてくことが望ましいといえます。

◀ 2.2　インフラの検討

eラーニングは通信ネットワークを利用する学習形態ですから社内外のインフラを使って学習可能であることが前提となります。後のシステム構築段階でも詳細に検討を行いますが，計画段階では社内のインフラ状況を把握した上で，eラーニングの実施を可能にするインフラ環境を準備することを決定します。

▼ 表2.2 計画立案段階での主なチェックポイント

把握すべき項目	主なチェックポイント	なぜ問題なのか	対応策
社内の通信ネットワーク構成	通信ネットワークの回線構成や速度，ルータ等機器構成を把握しているか	把握できていないとシステム構築ができない，また，問題発生時の対応が検討できない	至急調査する
社内の通信回線の速度	本社と支社等の拠点を結ぶ回線速度が1.5 Mbps以上か 支社等の拠点の先にある支店等への回線容量が384 kbps以上か	128 kbpsのような遅い回線があると実施には困難が予想される	ADSLの利用などでの増強を検討する
社内と社外を結ぶ通信回線の容量	社外への回線速度が1.5 Mbps以上か	利用形態にもよるがなるべく高速度であることが望ましい	利用形態や人数にもよるが増強を検討する
パソコンの整備状況	音が出る機種か Windows95等の古いOSが残っていないか 1人1台が配備されているか	Windows95等の古いOSのパソコンや音の出ないパソコンではeラーニングの実施は事実上難しい	パソコンの改新を検討する

　たとえば図2.2のようなネットワーク構成の場合，同期型（映像をリアルタイムで同時配信するシステム）で映像を全国の支店に同時配信するには，ストリーミングと呼ばれる大量の動画情報がネットワークを流れるため，通信インフラが大容量の通信に耐えられるかどうかなど，システム構築段階になってからの戻り作業を防ぐため，計画立案段階において表2.2のようなインフラに関する最低限の事項を把握しておきます。

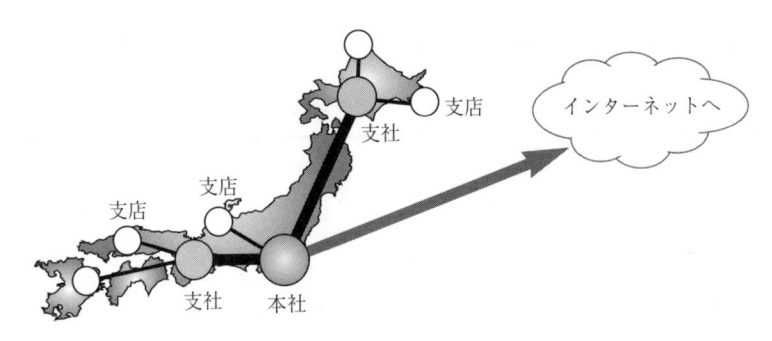

図2.2　ネットワーク構成の例

2.3　段階的な目的の設定

　本来，eラーニングは研修の1手段ですから，「何のために＆誰に何をどのようにどこでいつ」研修を行うのかを検討してその実現手段としてeラーニングを用いるというのが，本来のあるべき姿といえるでしょう。しかし，多くの企業にとって初めてのeラーニングは多くの障壁が存在しますから，すんなり使いこなせるものではありません。このため，「eラーニングを研修に用いるためにはどうすべきか」という観点で進めないとeラーニングの導入が頓挫しかねないのです。経営的には，eラーニングの導入メリットは明らかですから，ここでは，eラーニングを効果的かつスムーズに導入することを検討します。

　研修計画を策定するにあたっては，まず研修の目的やテーマを設定します。eラーニングの導入を前提として考えた場合，たとえば研修コストの削減といった比較的シンプルな目的から，研修効果の向上や，HRMとの連携による経営戦略展開のスピードアップなどといった比較的高度な目的まで想定できます。しかし，eラーニングは，その実施形態が学習側，実施側のいずれにとっても必ずしもなじみのあるものではないため，HRMとの連携による経営戦略展開のスピードアップなどといった難度の高い目標を設定して，多数の社員に一斉に実施すれば，おそらく混乱が生じて所期の目標の達成は難しくなるでしょう。したがって，目標や目的を段階的に設定し，eラーニングのメリット・デメリットを把握しつつ，また，発生する課題を徐々に解決しながらス

▼ 表2.3 eラーニング導入の目的の例

	項 目	目 的	目的の範囲	機 能	コンテンツ
第1段階	研修効率の向上	研修コストの削減,研修時間の削減	狭 い	非同期型	既存研修の置き換え
第2段階	研修の高度化	研修効果の向上		ブレンディッド,バーチャル教室	既存研修と組み合わせ,協調学習等
第3段階	経営戦略の推進	能力開発のスピードアップ,競争力の向上	広 い	コンピテンシー,ナレッジマネジメント,EPSS(注)	コンピテンシー対応,ナレッジ集,パフォーマンスサポート

(注) EPSS(Electric Performance Support System) 業務遂行時に必要とされる情報や知識を提供する組織のパフォーマンス向上を支えるためのコンピュータシステム

テップ・バイ・ステップで拡大,発展させることが効果的な実施のためには重要なポイントです。

段階的な目標/目的の設定にあたっては,表2.3のように第1段階から順を追って実施するのが現実的です。またeラーニングはあくまでも研修の手段であることを心得て,eラーニング自体が目的とならないように留意します。

◀ 2.4　eラーニング導入のための5W1H

eラーニング導入のために,研修の目的やテーマに沿ってさらに詳細に検討を行いますが,ここでは研修の5W1Hを検討してみましょう(表2.4参照)。5W1Hの中で,誰が教えるのか(who)と,どのように教えるのか(how)は,eラーニングということで必然的に決まりますが,これら以外は,たとえば,いつ学習するのか(when),どこで学習するか(where),全社員なのか特定の部門なのか(whom),何を教えるのか(what)を研修の目的に合うように設定します。

2 計画立案

▼▼ 表2.4 eラーニング導入の5W1H

研修の目的/テーマ		
項 目	概 要	eラーニングの場合の例
いつ（when）	実施時期・時間帯	学習する時間帯
どこで（where）	実施場所	職場の自分のパソコンで
だれが（who）	実施者，実施主体	この場合はeラーニングのシステムが教える
だれに（whom）	実施対象者	全社員，特定の部門
何を（what）	研修内容，研修目標	学習させたい内容，学習の目標
どのように（how）	研修手法等	非同期型eラーニングで

◀ 2.5 対象や目標の絞り込み

　eラーニングが目的を絞ったほうが導入しやすいのと同様に，5W1Hに相当する実施対象や研修の内容も，目的に合った範囲で絞り込んで限定するほうが実施が容易になります。たとえば，全社より特定の事業部門，全社員より職種別や階層別といった対象範囲の限定です。また，研修の目標も，複雑にせず，たとえば「パソコンリテラシーの修得」といった限定されたものにしておくことで，実施自体も容易になります（表2.5参照）。効果の測定もやりやすくなりますから，研修の評価も明確にすることができます。実施が容易な例としては，新入社員を対象にした，パソコンリテラシー修得のためのeラーニングがあります。

　もともと教育のニーズは個別性が高く，個人ごとに学ぶべきテーマや内容，レベルが異なっているのが普通です。したがって，対象者のニーズや職場の課題を把握した上で，eラーニングの目標と対象を決定すべきでしょう。その結果として，狭い対象に目的を限定して実施するのが効果的なやり方になるわけです。

▼▼ 表2.5 対象や研修目標を絞った場合の例

項目	概要	広範囲な場合の例	絞り込んだ場合の例
いつ (when)	実施時期・時間帯	休日も含め24時間いつでも	勤務時間内を前提（8時〜22時）
どこで (where)	実施場所	職場でも自宅でも	職場で自分のパソコンで
だれが (who)	実施者,実施主体	講師とeラーニングで並行して	eラーニングのみで
だれに (whom)	実施対象者	全社員	特定の部門に
何を (what)	研修内容,研修目標	部門ごとに異なる研修内容	Excel操作のように限定
どのように (how)	研修手法等	講師による集合研修とeラーニングで並行して	非同期型eラーニングのみで

　eラーニングでは，パソコンとネットワークがあれば学べるという特性から対象者を社外に広げることも珍しくありません。代理店やパートナー企業，採用内定者，さらには顧客までにeラーニングを提供している企業があります。情報サービスの提供によって自社へのロイヤリティを高めることをめざした施策です。

◀2.6　コストの試算

　eラーニングのコスト構造について見てみましょう。eラーニングの費用は，導入時費用と維持費用からなります（図2.3参照）。
　（1）　導入時のコスト
　導入時の主なコストは，eラーニング運営のプラットフォームとなるLMS（Learning Management System）の費用，LMSを動作させるサーバー設備やネットワーク回線などの設備費用，そしてコンテンツ費用です。

```
                           ┌─ LMS費用
              ┌─ 導入時費用 ─┼─ LMS以外の設備費用
              │            └─ コンテンツ費用
eラーニングの費用 ─┤
              │            ┌─ コンテンツ維持費用
              └─ 維 持 費 用 ─┼─ 設備維持・改善費用
                           └─ 運営人件費
```

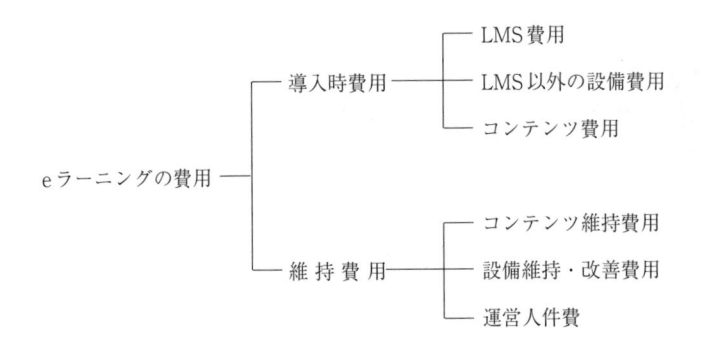

▶ 図2.3　eラーニングの費用構成

　LMSには，対象者数人の小規模用から，エンタープライズクラスと呼ばれる大規模用（対象者1,000名以上）まであります。また機能面でも，eラーニングの配信，学習管理の基本機能中心のものから，情報共有機能，ジョブエイド機能，コンピテンシーマネジメント機能そして同期型eラーニングの機能をもった多機能対応型まであります。したがって，その購入費用も数十万円から数千万円以上のものまでとさまざまです。

　eラーニングを実施するには，LMSのほかにも，LMSを動作させるサーバーやネットワーク回線などの情報システム設備や，利用者のパソコン環境，ネットワーク環境を準備する必要があります。最近の同期型eラーニングでは，ストリーミング型と呼ばれる情報量の多い動画形式もありますから，回線速度やパソコンの性能などの利用者側の環境についても事前に検討することが必要です。また，社員の自宅での学習を可能にする場合にはセキュリティ対策も含めた検討が必要です

　コンテンツは，ベンダーから購入するか自社開発を行うかで費用が変わります。購入の場合でも，一括購入だけでなく，コース利用者数に応じて費用を支払う契約方式など，ベンダーによってさまざまな契約方式があります。業務で役立つコンテンツが必要な場合，既製コンテンツでは合わず，カスタマイズが必要になったり，新規に作成する必要が出る場合も多くなります。コンテンツベンダーに利用形態の希望を提示し見積りをとります。

コラム　eラーニングのグローバル展開

　eラーニングのグローバル展開において考慮すべきことは，言語，時差，文化的相違の3つです。これはグローバルビジネスを展開している企業の社内コミュニケーションの状況とよく似ています。あなたの会社が事業をグローバルに展開しているなら，単一の国で事業をしているのと違っていることに気がつくでしょう。

①　言語

　グローバル企業でも，コミュニケーション用の言語を統一している場合と，各地域では現地の言語を用いる場合があります。eラーニングでも同様に2つのアプローチ方法が存在します。

- 単一の言語でグローバルの教育を実施します。異なる言語を使用する場合よりもコストを低く抑えられますが，対象となる従業員が十分に教育されている必要があります。
- コースごとに異なる言語バージョンを作成します。コースの制作や運用コストは上昇しますが，生産拠点で従業員全体に教育を行うような場合には避けることができません。

　いずれのアプローチ方法も完璧ではないため，たとえばインストラクターによる補講などの対応を事前に検討しておきましょう。また③の文化的相違についても併せて検討する必要があります。

②　時差

　東京で午前9時のときはニューヨークで午後10時だったりします。グローバルで一斉に学習するような同期型学習の場合には，全員が受講できる時間を選定する必要があります。また，自分の好きな時間に学習できる非同期型学習の場合でも，時差がヘルプデスクやチューターの対応を複雑にします。対応にあたっては，質問への返答時間に余裕をもたせるか，現地にサポートの担当者を置く必要があります。

③　文化的相違

　ある国で適切なことが別の国では不適切になることはたくさんありま

> す。したがってコースを他の国向けにローカライズするときは，文化的相違をどのように扱うかが重要な課題になります。
>
> たとえば，日本では初対面の人と会うとお辞儀をしますが，欧米では握手をします。顧客との対応を教えるコースを作成する場合は，この点の違いを理解して内容に反映することが必要になります。また，アメリカの学習コースをそのまま日本語に移植した場合，日本人には説明図が少なくイメージがつかみにくいと感じられることがあります。
>
> 多くの国で教育することは，コース開発においても，チュータリングにおいても，また学習する従業員にとってもチャレンジャブルなことです。eラーニングのグローバル展開を検討する段階から対応する言語や文化に精通するスタッフを参加させておくことが重要です。

（2） 維持費用

eラーニングのシステムを構築し運用が始まると，システムを運用・維持のため，コンテンツ維持費用，設備維持・改善費用，運営人件費などの費用が発生します。

実際には，必要な条件により費用は大きく異なりますので，ベンダーの提示する条件をよく調べ比較します。

ASP形態では，LMSはベンダー側のものを用い，パソコンやネットワーク回線などの利用者側の環境のみ準備しておけばよいため，初期費用や維持費用の削減が図れます。ASP形態では提供ベンダーによって初期費用やサービス利用料が異なりますので，条件の比較が重要となります。

◀ 2.7　ブレンディッドラーニングの設計

ブレンディッドラーニングは，eラーニングと従来の集合研修を組み合わせて効果を発揮させる複合研修です。eラーニングの導入のしやすさで考慮すると，eラーニングと従来の集合研修が並立し実施主体（who）や研修手法（how）が複雑になるため，導入初期からブレンディッドラーニングを実施す

ることは必ずしも勧められませんが，eラーニングが適する領域と，集合研修が適する領域が区別でき，2つの研修形態の結合で研修が構成できるなら，研修効果が大きくなります。また，一般的に，eラーニングは集合研修に比べコストを削減できますから，すべてを集合研修で実施するより，一部でもeラーニングを取り入れたほうが全体としてのコストを削減できます。また，たとえば既存の集合研修の構成を変更し，eラーニング化可能な知識部分をウェブで学習し，eラーニング化できない講義やディスカッション部分を教室で実施す

（1）eラーニングと集合研修の特徴を組み合わせたブレンディング

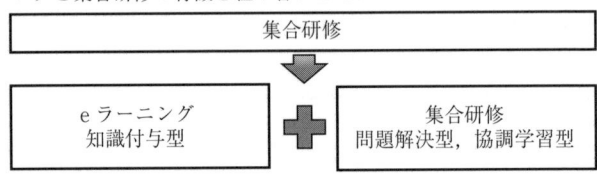

集合研修
- eラーニング 知識付与型
- 集合研修 問題解決型，協調学習型

（2）事前レベルを合わせて集合研修の効率を高めるブレンディング

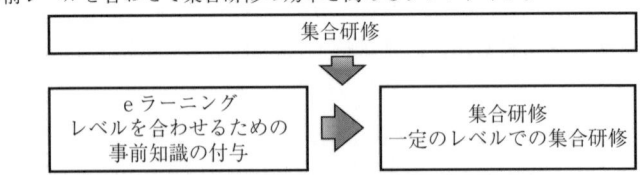

集合研修
- eラーニング レベルを合わせるための事前知識の付与
- 集合研修 一定のレベルでの集合研修

（3）レベル測定でクラス分けし，集合研修の効率を高めるブレンディング

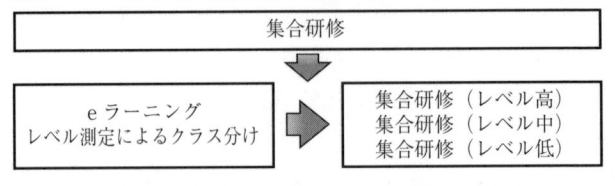

集合研修
- eラーニング レベル測定によるクラス分け
- 集合研修（レベル高） 集合研修（レベル中） 集合研修（レベル低）

（4）動機づけの後eラーニングで学習したことを集合研修で実習

集合研修で動機づけと基礎学習 → eラーニングで学習 → 集合研修で実習やシミュレーション学習

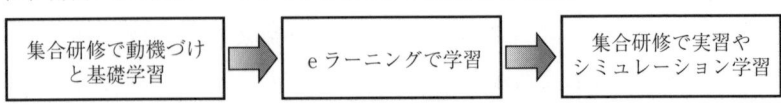

図2.4　ブレンディッドラーニングのパターン例

るコース内容でも，全体としては効率と効果を上げると考えられますので，ブレンディッドラーニングと呼べるでしょう。

　ブレンディッドラーニングでは，eラーニングと集合研修をどのように配分構成するかが研修効果を上げコストを削減するためのポイントになります。たとえば図2.4のような研修パターンが存在します。

　ブレンディッドラーニングを実施するときには，講師はeラーニング部分にも深く関与します。eラーニング部分のコンテンツ開発時にはテキストの執筆者になり，学習者からの質問には回答するチューターとして役割を果たします。つまり，講師には集合研修部分のみならずeラーニング部分も含めた研修全体の推進者の役割が求められます。

◀ 2.8　ベンダーの選び方と活用

　eラーニングの導入にあたっては，ベンダーと呼ばれる専門ノウハウをもった業者を利用することが一般的です。まず，計画立案からシステム構築，コンテンツ開発から運用までのeラーニング導入の段階で，自社のみで解決可能なのはどの部分かを検討します。自社のスタッフだけですべての段階を解決できる場合は，ベンダーの助力は必要としませんが，通常は何らかの形でベンダーのサポートが必要になります。あとは全段階でサポートを受けるのか，システム構築やコンテンツ開発のみにとどめるのかを決定します。さらには，たとえばシステム構築段階で，ベンダーの提案をベースに自社で検討するのか，自社で仕様を決定した上でベンダーのサポートを限定的に受けるのかを決定します。システム面のベンダーとコンテンツ面のベンダーを分けるマルチベンダーという選択もあり得ます（図2.5参照）。

　マルチベンダー方式の特徴は，1つのベンダーにすべてを依頼するのではなく，さまざまなベンダーのそれぞれ優れたものを選んで組み合わせ，eラーニングシステムを構成することです。賢明なベンダー選択ができれば，単一のベンダーでeラーニングシステムを構成するのに比較して，安価で効率の良いものが得られます。しかし，一方で選択の幅が大きいため手間がかかり，リスクもある方法です。導入側が十分な知識やノウハウを身につけていて，プロ

	全段階での単一ベンダー利用の場合の例	マルチベンダー利用の場合の例
導入側のレベル	初めての導入	知識とノウハウが必要
コ ス ト	ベンダーに依存	ある程度導入側の選択に依存
導入側の選択の幅	あまりない	ある程度の選択の幅がある

ベンダー利用のパターン例

すべてベンダーA社に発注

計画立案
システム構築
コンテンツ選択・開発
試行・運用・評価

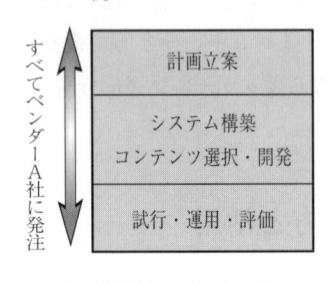

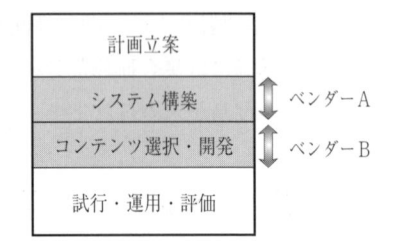

計画立案
システム構築 ← ベンダーA
コンテンツ選択・開発 ← ベンダーB
試行・運用・評価

▼▼ 図2.5　ベンダー利用のパターン例

コラム　eラーニングとナレッジマネジメントの関係

　ナレッジマネジメントとは，企業の中に存在する知識を分類したり，再利用する試みです。同時に，企業のすべての知的資産を明確にしたり，管理したり，分割したりするための統合されたシステム的なアプローチです。こうした資産には，これまでは従業員個人によって系統立てずに保持されてきた専門知識や経験も含まれます。

　ナレッジマネジメントとは，あらゆる情報を個人や組織が使いやすい形で保管しているバーチャル図書館に非常に似ています。ナレッジマネジメントを構成するシステムは，ディスカッショングループやチャットルームや同期化されたミーティングツールなどのコラボレーティブな機能のソフトウェアを含んでいます。ナレッジマネジメントの観点からい

えば，重要なのは公式的な書類やデータベースではなく，優れた仕事をする人々の間で交わされている生の会話と知恵です。優れた成果を上げた仕事の進め方やノウハウを組織内で公開し，共有の知的資産とすることによって組織の創造力や生産性が向上するからです。

そして，すぐに検索できるナレッジデータベースを構築できれば，それはeラーニングとナレッジマネジメントの統合に行き着きます。eラーニングの学習コンテンツは，学習目標に応じてモジュール単位で開発され管理されます。この学習コンテンツは他のナレッジリソースと一緒に共通のサーバーから供給されることが可能です。両者の目的は似ていますが，そのアプローチには違いがあります。

美しい山を前にすると，あなたはその山に登りたいと思うかもしれません。もしあなたに山登りの経験があれば，そのままふもとへ入り，山の頂上をめざすことができるでしょう。あなたにはその経験から，山岳地図を読み，天気図を読み取り，山に登るのに必要な体力を判断できます。しかし，あなたが山登りの初心者なら，ガイドを依頼するのが望ましいでしょう。

ナレッジマネジメントは，いわば山登りの経験のある人が山を歩くのに対応するサービスです。一方，eラーニングは，山登りの十分な経験がない人に対応するサービスです。初心者はガイドからインストラクションを受けることが必要なのです。ナレッジマネジメントとeラーニングは，共に企業の人的資源の開発という目的は共通ですが，本来は異なる経験レベルの人を対象としたものです。

ジェクトにおいてリーダーシップを発揮できることが必要です。特に，eラーニングの場合は，コンテンツは動作するLMSシステムが限定される場合も多いため，コンテンツとLMS間での調整に注意が必要です。

eラーニングを初めて導入する場合は，マルチベンダーでの導入は難しいため，信頼できるベンダーを選択して任せることが現実的でしょう。しかし，多くのベンダーの中から自社に合った信頼できるベンダーを選択することもまた難しい問題です。まずは，具体的な計画を作成した上で，自社に合った詳細な提案をしてくれるベンダーを選択したいところです。しかし，この場合も，実

現できる機能とコストは背反することが一般的ですから,予算の上限が優先すると判断が難しくなります。eラーニングベンダーの選択にあたっては,導入の前提となる目的や目標,対象者,求める機能,予算などを明確にベンダー提示し,その中で優れた提案を行ったベンダーを選択するのが妥当といえるでしょう。なお,ベンダーに対してこれまでの実績や事例を提出してもらうのもベンダーの力量を判断する材料になります。

また,実際にはマルチベンダー導入の実施が難しくても,システム面でSCORM対応などの汎用性の高い製品をもったベンダーを選択しておき,コンテンツ開発で徐々にマルチベンダー化を図る対応も可能です。

なお,設備,システム,コンテンツに関わらず,ベンダーの選択には専門的な理解が求められるために,主管部門で単独では決められず,自社の情報システム部から出ているシステム構築スタッフと相談する必要があります。しか

事例紹介　松下電器産業株式会社

松下電器産業(株)は,2002年にマーケティング部門に属する2つの本部の在籍メンバー約1200名を対象にeラーニングを導入した。これは構造改革にともなって設立されたマーケティング組織にふさわしい共通言語の醸成をねらいとした「マーケティングスキルチェンジ研修」の一環であった。2カ月間という短期間での一斉学習で,コースとしてMBAマーケティングコースが選ばれた。

2つの本部において,対象者への広報や学習促進の取り組みはそれぞれ別々に実施された。その方法の違いが参加率や修了率の差となって現れたと推定される。A本部では,学習することを参加者全員に強く要請したが,B本部では「各グループの70%受講を義務づける」というガイドラインのみ提示し,参加は個人の意思に任せた。その差は参加率において94%と66%の差になった。

学習促進の取り組みとして,A,B両本部とも進捗率は部門内に定期的に発表していた。A本部ではそれに加えトップからのメッセージ送付,チームリーダーへの督促,修了率をチームごとに競うキャンペーンなどを実施した。修了率はA,Bそれぞれ80%,64%で,A本部のほうが高い修了率を示した。修了者の満足度を

し，内容が専門的だからといって選択の主導権をシステム構築スタッフに委ねるのは好ましくありません。専門的，技術的な内容についてはシステム構築スタッフから助言を受けながら，目標やニーズ，予算に照らして主管部門が責任をもってベンダーを決定すべきです。

2.9 運用体制

eラーニングの運用段階は，「試行」「運用」「評価」の3段階に細分化することができます。「試行」の目的は，本格的な運用に先立って試験的な運用を行うことで発生する問題点を洗い出し，対応を検討することであり，また，運用担当者の本格運用に対する準備や学習のために行われます。この試行段階では，計画立案段階では予想もしなかったような問題が必ず発生しますが，予行

見るとA，B本部は69点，70点とほぼ同じ高さであった。

本部	開始数/率	修了数/率	満足度（100点満点）	募集方法	学習促進
A本部	706/94%	570/80%	69点	チーム別広報・学習を強く要望	トップメッセージ，チームリーダーへの督促，修了率チーム対抗キャンペーン，進捗率の定期公表
B本部	287/66%	185/64%	70点	希望者のみ	進捗率定期公表

修了後の社員アンケートでは，学習者からは「販売戦略や社内外の企画説明に活用したい」(317名)，「新商品の開発に役立てたい」(264名)などの意見が目立った。eラーニングについても，「時間の融通がきくので便利」「業務に役立てることができる」「体系だった内容で分かりやすい」などと積極的な評価が多かった。

図2.6 運用段階の位置づけ

導入検討	計画立案	システム構築	試行	運用	評価
		コンテンツ選択・開発			

表2.6 運用スタッフと各段階のスタッフの関わりの例

計画立案	システム構築/コンテンツ開発	運用段階		
		試行	運用	評価
計画立案スタッフ	システム構築スタッフ(システム面に詳しい)	ヘルプデスク(学習者に対するシステムサポート)	ヘルプデスク(学習者に対するシステムサポート)	学習効果の測定と分析,計画立案スタッフも関与する
	コンテンツ検討スタッフ(コンテンツ詳細を把握)	チューター(学習者への質問回答)	チューター(学習者への質問回答)	
		メンター(受講促進)	メンター(受講促進)	

3つの区分は,スタッフの兼任が望ましい領域

段階ですから問題があっても落ち着いて解決し,得られたノウハウをもとに,実際のeラーニングの「運用」を実施します。その後,運用段階で得られた結果や追加のテスト等を行い,eラーニングの成果を測るのが評価です(図2.6参照)。

運用体制は,この試行・運用・評価を実施できる体制です。詳しくは第5章で述べますが,運用段階では,運用を統括するリーダーのほかに,ヘルプデスク,チューター,メンターと呼ばれるような役割をもった担当者を複数用意しなければなりません。ヘルプデスク担当には学習者へのシステム的なサポー

トが必要になることからシステム構築を行ったスタッフの参加が求められます。また，同様にチューター担当には教材内容に対する質問回答や，研修内容に関する効果の測定について検討するために，コンテンツ検討を行ったスタッフの参加が望ましいでしょう。予想もしなかった問題が起こっても，計画段階から携わっていたスタッフがいれば解決もスムーズです。このため，これらのシステム構築スタッフとコンテンツ検討スタッフを運用段階にも参加させるようなスケジュールと体制作りを計画段階に決定しましょう。メンターと呼ばれるスタッフはeラーニングの目的を正確に理解した上で，学習者を誘導する役割ですから，メンター担当のリーダーもやはり計画立案段階から関わったスタッフであることが望ましいといえます（表2.6参照）。

　eメールの利用により，eラーニングでの評価は効果的に実現できます。通常は，学習者から操作性やコンテンツへの評価，業務への応用度の意見をeメールで収集し，その結果を分析することで評価を実施します。必要なら学習者の上司からも評価を収集することもあります。この評価をもとに以降の教育計画の見直しや修正を行うことにより，企業内教育のPLAN-DO-CHECKのサイクルが可能になります。このように，eラーニングの計画作成時に評価のプロセスを組み込んでおくことが重要です。

◀2.10　スケジュールと管理

　ここでは，eラーニングの導入が決定してから，運用開始までのスケジュールについて説明します。図2.7に示すように，システム構築とコンテンツ選

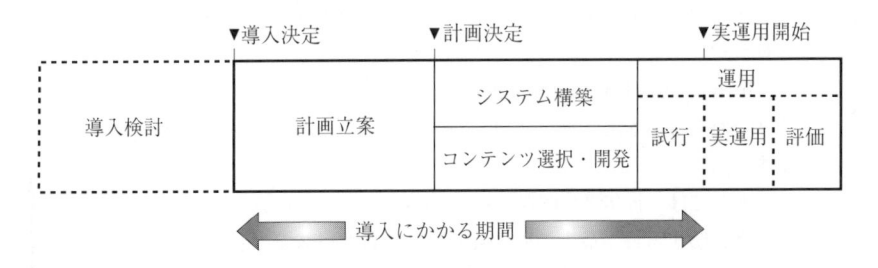

▶ 図2.7　eラーニング導入の全体スケジュール

コラム　eラーニングについての情報入手先

　eラーニングに関する情報は，以下の方法により入手できます。
① 　関連するウェブサイトを検索する。
② 　eラーニング関連のイベントやセミナーに参加する。
③ 　eラーニングの書籍を読む。
④ 　eラーニングに関する研修会や団体に参加し，活動を通して情報を入手する。

　①としては，以下のサイトが参考になります。
- 日本発の総合eラーニングサイト
　　http://www.learning-technology.net/
- 日本イーラーニングコンソシアムのサイト
　　http://www.elc.or.jp
- 日経新聞のeラーニングサイト
　　http://elearning.nikkei.co.jp/
- 毎日新聞の毎日インタラクティブ
　　http://www.nextet.net/e-learning/15/15index.html
- アメリカのeラーニング誌を出しているサイト
　http://www.learningandtrainingweek.com/learningandtrainingweek/V40/index

　このほかASTD（全米人材開発協会）のサイトがあります。
　アメリカの情報は日本発の総合eラーニングサイト　ラーニングテクノロジー
　　http://www.learning-technology.net/
のメンバー登録をしてネットサーフィンすることでほぼ情報が入手できます。
　②としては，毎年夏に開催されるe-Learning Worldがあります。eラーニングに関する日本最大の展示会であり，各ブースではLMS，コンテンツ，eラーニングサービス等，新製品の紹介やデモを見ることができま

す。また，e-Learning Worldと同時開催されるe-Learning Forumではeラーニングに関する講演やパネルディスカッションが開催されます。e-Learning Forumは冬にも開催されます。eラーニングに関するイベントやセミナーにはベンダーや各種団体が主催しているケースもあり，各団体の会員になることで定期的に開催情報を得ることができます。

③としては，アマゾンのサイトなどからeラーニングに関する書籍を検索するとよいでしょう。ALICが発行する「eラーニング白書」はeラーニング業界の動向や市場規模等を調べるのに大変便利なものです。

④としては，日本イーラーニングコンソシアムや先進学習基盤協議会（ALIC）等，eラーニングに関する団体に参加することにより，情報交換・入手などを行う方法です。各団体にはそれぞれ各種委員会もあり，興味のある委員会に参加しながら他社や他業界の方と人脈をもつことで独自の情報入手チャネルをもつことができるでしょう。日本イーラーニングコンソシアムには，ユーザー会員相互の情報交換を目的とした活用委員会が設けられています。

択・開発は並行して進めることができる工程ですから，導入決定後から実運用の開始までの所要期間は，「計画立案の期間」＋「｜システム構築の期間｜または｜コンテンツ選択・開発｜にかかる期間の長いほう」＋「試行期間」となります。

それでは，それぞれの段階にどれくらいの期間が必要でしょうか。「計画立案」には，少なくても2カ月以上かかる場合が多いようです。十分な検討体制を組めない，研修の目的がはっきりしない，あるいは目的が複雑だったりするならば，さらに期間が必要となるでしょう。

システム部分に要する期間は，新たにシステムの構築が発生する場合は3カ月以上です。しかし，ベンダーの提供するASPサービスと呼ばれるサービスを利用する場合には1カ月で準備できることもあります。システム構築と並行して進行できるコンテンツの準備には，コンテンツをオーダーメードで新規開発する場合で3カ月以上，既存のパッケージコンテンツの利用であれば選定に1カ月程度かかるでしょう。全体のスケジュールはこれらシステムとコン

事例紹介　日本マクドナルド株式会社

第1フェーズ（導入）2000年後期～2001年後期　効率効果追求段階

　日本マクドナルドでは2000年よりeラーニングの導入を開始した。第1フェーズの目的としては，教育関連コストの削減であり，トレーニング状況を把握することによる生産性向上であった。そのためのeラーニング開発としてクラス登録システムと進捗管理システムを開発した。通信ネットワークはイントラネットで，ISDNに対応したシステムであった。

　学習者は，イントラネットを通じてLMSへアクセスして，研修の登録や学習進捗の把握ができる。右のASPは，セルフディベロップメントの内容をカバーしたシステム。イントラネットにあるLMSだけではなく，ASPサービスと契約して，汎用コンテンツを使い自己学習できるシステムをもっている。「ワープロ」「表計算」「英語」「簿記」「宅建」「シスアド」などの資格取得などは，汎用コンテンツを個人のパソコンでも利用できるように，ASPサービスを設けている。

　図の左側にあるテキスト学習やマニュアルを読む，DVDなどを見るのは，実際

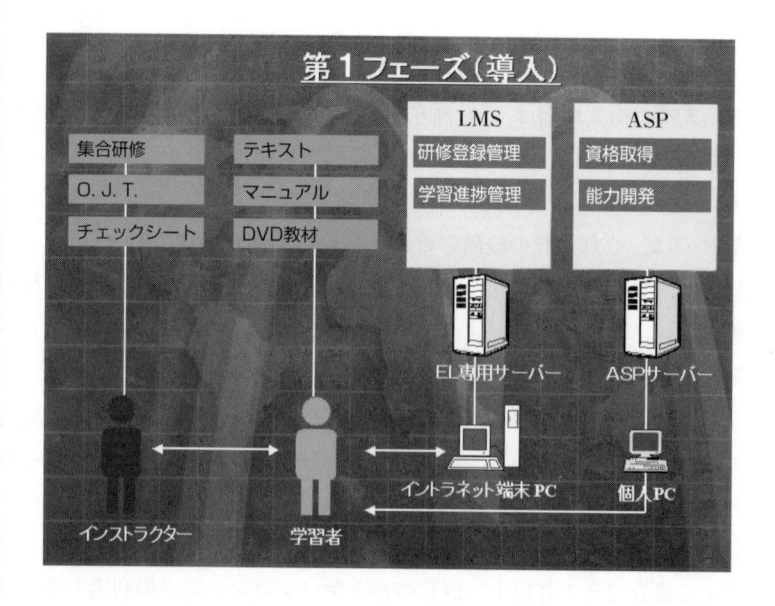

に現場で行う。さらに，OJTなどは今までと変わらない現場でシステムを重視している。

第2フェーズ（構築）　2002年前期〜2003年前期　教育コンテンツの整理段階
現在はこの第2フェーズの段階である。学習効果の効果をいかに向上させるか，学習機会をいかに提供できるかが目的になった。学習効果を最大限に高めるため，中核となるマニュアルとDVDのコンテンツ開発でいかに学習効果を高めるかがポイントである。

直感的に容易な学習ができるヒューマンインタフェースの追求と，データの更新性や管理を容易にするためのデータのXML化に重点をおいた。

下図は現状のイメージ図である。LMSの中にはトップメッセージやeマニュアルも導入された。EPSS（個人ごとに必要なときに必要な情報や学習をサポートするしくみ）の機能は現在テスト中である。また，成功事例はさまざまな場所での成功事例をリアルタイムでどこでも伝えられるしくみである。

重要なことは学習させるのではなく，いつでも必要な情報や知識を活用でき，個人の生産性が高まり，成果に結びつくシステムであることが開発の要件となる。

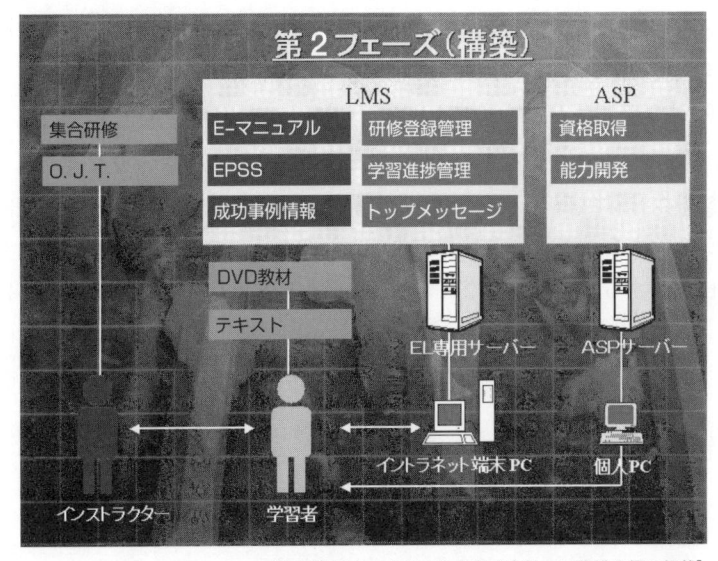

[画面は日本マクドナルド株式会社より許諾を得て転載]

▼▼ 表2.7 eラーニング導入期間の例

期間の長さ	計画立案	システム/コンテンツ	試 行	最短の全体期間
最短の導入期間の例（パソコンリテラシー研修の場合など）	研修の目的が比較的はっきりしている場合（既存研修の置換等）：2カ月	・ASPの場合：1カ月 ・パッケージ利用の場合：1カ月	1カ月または実施しない	3カ月
よくある導入期間の例	研修の目的がはっきりできていない場合：4カ月	・システム構築の場合：3カ月 ・コンテンツ開発の場合：3カ月	1カ月	8カ月

テンツの準備に要する期間の長いほうに依存します（表2.7参照）。

　試行にかかる期間として，対象人数が100名以下の場合でも1カ月程度を想定する必要があります。100名以下の場合や，ASPサービスの利用などでベンダーの提供する運用サポートを利用する場合には，試行を行わない選択も可能ですが，試行期間を設けて操作性やコンテンツの内容，学習者の評価などを検討すれば導入後の障害を減らすことができるでしょう。

　したがって，導入にかかる期間を単純に短くしたければ，ASPサービスを採用して，既存のパッケージ型コンテンツを利用することになるでしょう。しかし，自社の教育課題あるいは経営課題を解決するために，独自性の高い機能を備えたシステムを設置し，自社特有のテーマのコースを揃えたeラーニングの展開を目標とするならば，少なくとも6カ月から8カ月程度の期間は必要になります。

3 システム構築

3.1 システム構築の手順

eラーニングの導入が決定した後は、eラーニングを利用するための環境を構築します。ここでは、システム構築の作業になるため、eラーニングを主管する人事部門や教育部門内で推進者を指名して、社内システム部門の協力を得ながら作業を進めていくことが必要です。

具体的には、以下のような作業ステップでシステムを検討します。

① インフラの検討（回線，サーバー，パソコン）
　　eラーニングを実現する上でのインフラ要素を検討します。具体的には、LMSを格納するサーバー、学習者が利用するパソコン、サーバーとパソコンを結ぶ回線を検討します。

② LMS利用方法の選択
　　LMS（Learning Management System）はイントラネット利用かASP利用かを選択します。

③ LMSの選択
　　自社の目的や戦略に合わせてLMSベンダーを調査し、LMSを選択します。

④ LMSの導入
　　イントラ型eラーニングを採用した場合は自社のサーバーにLMSを

インストールします。また，自社の実施環境の条件によってLMSを一部カスタマイズすることもあります。
⑤ 動作テスト

利用するコンテンツをLMSに格納し，利用者側のパソコンから動作確認します。具体的には，接続チェック，レスポンスチェック，負荷テストを行います。
⑥ 本番実施

動作チェック終了後，eラーニングによる学習をスタートします。

また，同期型学習を行うか非同期型学習を行うか，または両方とも併用して実施するかの選択が入る場合もあります。

この章では，上記手順に従って，作業手順や作業内容，および留意点を説明します。

3.2　eラーニングシステムの要素

eラーニングシステムの主な構成要素は以下のとおりです。
（1）ハードウェア
　（a）パソコン……………学習者がeラーニングを利用する際に必要です。
　（b）サーバー……………LMSを格納するサーバーです。コンテンツや学習履歴情報を別サーバーに分けることもあります。
　（c）ネットワーク回線…パソコンとサーバーを結ぶものです。社内利用のみであればイントラネット回線，社外利用を行う場合はインターネット回線等が必要です。
（2）ソフトウェア
　（a）LMS ………………eラーニングの基盤となる管理システムで，学習者のウェブブラウザに学習コンテンツを配信するクライアント・サーバーシステムです。

（b） 学習コンテンツ…… LMSに格納する教材やテストです。
（c） ブラウザ…………… 学習者のパソコンでコンテンツを見たりLMSの機能を利用する際に必要になります。利用するLMSやコンテンツによってブラウザの種類やバージョンの制限があるので注意が必要です。

上記以外に，ハードウェアとして，音声付のコンテンツを利用するのであれば，イヤホンやスピーカーが必要になります。また，同期型学習を行う場合は講師との会話のためカメラとマイクが必要です。

ソフトウェアとしては，LMSを動作するためにサーバー上にオペレーティングシステム（Windows 2000，Solaris，Linuxなど），ウェブサーバー（IISやApacheなど），データベース（Oracle，SQL Serverなど）が必要になります。LMSによって必要なソフトやバージョンが違いますので各LMSのカタログ等で確認してください（図3.1）。

[ハードウェア]　　　　　　　[ソフトウェア]

①パソコン
②サーバー
③ネットワーク

①LMS
②学習コンテンツ
③ブラウザ

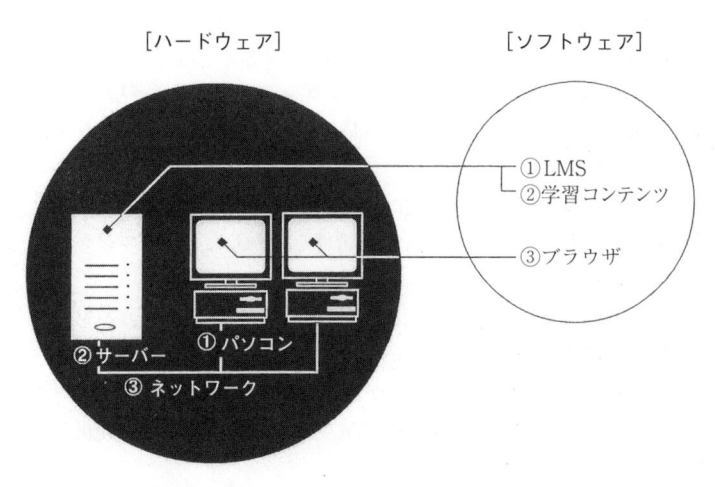

▶▶ 図3.1　eラーニングシステムの主な構成要素

携帯電話やPDAを使ったeラーニング

　ガートナージャパン社の予測によると，日本国内における携帯電話の契約者数は今後も緩やかな成長が継続され，2006年の加入数は対人口普及率65.5%の8,396万（テレメトリング，PHS含まず）に達する見込みとのことです。

　このように日本人の最も身近な情報端末である携帯電話を使ったeラーニングの開発が進められています。携帯電話の特性として，携帯性，リアルタイムなメリットがある反面，コンテンツ表現の制約，通話料の高さ，通信環境の制約，操作性が悪い等のデメリットもあります。また，携帯電話で利用できるコンテンツも，英会話などの簡易的なコンテンツしかないのが現状です。

　2003年5月にNTTドコモではFlashを搭載した505iシリーズを発売しました。さらには，動画配信やストリーミングができる回線速度の速い次世代携帯電話が登場しています。今後は，こうしたアプリケーションや技術に対応したコンテンツが必要です。したがって，携帯電話によるeラーニングは，利用者のコスト，コンテンツの制約などのデメリット面を克服した，ベンダーサイドの本格的参入とコンテンツの普及が待たれているのが現状です。

　また，携帯端末（PDA）を利用するeラーニングでは，対応するプラットフォームの登場により，PDAの携帯性を生かしたeラーニングのサービス展開が始まっています。

　PDAは携帯電話と比べると画面の視認性，起動の迅速性，パソコンとの連携性，端末の機能が優れています。この特性を生かし，ハードベンダーとアプリケーションベンダーが連携して，TOEICや資格試験対策の学習などがPDAを使って実現できるeラーニングサービスを提供しています。

　モバイルラーニングの問題点と将来形を以下の表にまとめました。

3 システム構築

モバイルラーニングの問題点と将来形

現状の問題点	将来形
取り扱うデータ量に制限がある	既存ウェブブラウザベースのコンテンツ ・HTMLベースのコンテンツ ・プラットフォームやオペレーティングシステムに左右されないコンテンツ
搭載コンテンツがテキスト中心	JavaScript Flash対応など，リッチな表現方法が可能 ・映像や画像を使ってのコンテンツ
セキュリティが不十分	SSL搭載などで安全な環境の提案 ・「なりすまし」受講の防止 ・端末上での教材販売など
PDAの場合はパソコン経由が前提	パソコンを必要としないモバイル単独利用が可能 ・ネットワークダイレクト接続 ・自動データ配信・集計
通信コストが高い	携帯電話通信料の低価格化 ・携帯電話ベンダー各社のサービス向上 ・パケット通信などの定額通信料のサービス

3.3 ネットワークとシステムの検討

　具体的にeラーニングシステムを構築するため，まず3.2節の「eラーニングシステムの要素」について，社内で既存の設備が利用できるのか，あるいは新規に購入する必要があるのか，を確認します。このためには社内システムの現状をシステム部門に問い合わせましょう。また，他部門のeラーニング状況を調べて，LMSやサーバーの共有ができるかを他部門と調整します。

　この節では，インフラの主要要素であるパソコン，サーバー，ネットワーク回線における具体的な検討項目について説明します。

（1） パソコン

最近は，各職場にパソコンが整備されており，1人1台の環境で利用できるようになってきました。通常，業務で利用しているパソコンをeラーニングの学習機器として利用することが可能ですが，Windows98以上の能力であることが必要です。また，eラーニングでは利用するブラウザの種類やバージョンの制約がありますので注意してください。

（2） サーバー

イントラネット型eラーニングの場合は自社でサーバーを準備する必要があります。LMSを格納するサーバーと業務用のサーバーを共有すると，LMSがダウンした際に業務が中断してしまうこともあるため，できる限り教育専用のサーバーにすべきです。

（3） ネットワーク回線

事前に確認する項目として，まず，回線のスピードがあげられます。回線のスピードはレスポンスに直接的に影響します。レスポンスが悪ければ，学習者にストレスを与えてしまいます。ただし，ここでいう回線のスピードとは，単純な回線の物理速度ではなく，学習者のパソコンからLMSサーバーまでの間で実際に利用できる通信帯域，つまり単位時間当たりに転送できるデータ量を指します。単一のLANで物理速度の数分の1程度，複数のLANを接続したイントラネット構成の場合は，平常時で数百k～数Mbps程度です。たとえば，文字のみの軽いコンテンツであれば単一のLANで十分ですが，音声や映像を含んだコンテンツの場合，比較的大きい帯域を確保する必要があり，数百kbps程度の帯域が安定して確保されている必要があります。

また，イントラネットの場合，LANや通信機器を多くのクライアントパソコンで共有するため，LANや中継回線の混雑度合いによって通信帯域が変動します。たとえば，早朝はLMSサーバーを快適に利用できても，夕方はレスポンスが悪いといったことが起きます。また，週，月，年でもイントラネットの負荷状況は変動します。したがって，厳密な予測は困難ですが，最低限，学習予定の時間帯に適当なウェブサイトにアクセスして，レスポンスが極端に悪くないかどうかを確認することが必要です。

LMSの同時利用者数（同時アクセス数）も検討します。同時に利用する学

習者が多ければ，それに比例してネットワークとLMSに負荷がかかるからです。一般に設備の増強は容易ではありませんので，場合によっては，部署ごとに学習時間帯をずらすなど，運用でカバーすることが必要になります。

社内の一部で通信帯域が不足し，レスポンスが極端に悪い場合は，システム部門と相談し，原因を調査します。状況によってはハードウェア増設やソフトウェアのバージョンアップも検討します。

なお，社内ポリシーに通信上の制約がないか確認しておきましょう。たとえば，セキュリティの関係上，一般的なウェブ用プロトコル以外はファイアウォールで遮断しているのが普通ですから，特殊なプロトコルを使って社外の教育ASPサーバーと通信しなければならないような場合，社内システム部門と相談して，特別にファイアウォールの設定を変えてもらう必要があります。たとえば，管理者のレポートツールからLMSのデータベースに直接アクセスする場合などがこれにあたります。

コンテンツのマルチメディア度合い（テキストのみ，映像，アニメーション，音声）に応じた必要回線速度，すなわち，利用にストレスを感じない最低限の通信帯域について，以下にまとめます。

通信の方式にはダウンロード方式とストリーミング方式があり，一般に映像や音声はストリーミング方式が適しています。設計者は，利用者の通信帯域を想定しストリーミングファイルを作ります。ストリーミング方式は，ここで想定した帯域が安定して利用できることを前提とした方式です。一方，ダウンロード方式は，帯域が変動してもよいが受信完了まで再生を開始しないという方式です。

したがって，ストリーミング方式であれば，50 kbpsでも5 Mbpsでも設計者が想定した通信帯域であれば正常に通信できることになります。もちろん，帯域によって画質が変わってきます。音声も映像も，いろいろな圧縮方式があり，利用可能な帯域で極力品質の良い伝送が可能になってきており，画質を我慢すれば低速な通信帯域でも送信は可能です。

一般的には，上記のような説明になりますが，目安としての帯域は次のとおりです。

音声：数十kbps程度
映像：数百kbps程度

ストリーミング映像は，100 kbps，500 kbpsのように数種類の帯域を用意し，利用者に選択させることも多いです。ただし，講師の顔だけを表示する程度であれば，画像も小さくて低品質でもよいので，数十kbpsでもよいでしょう。一般家庭であれば，12 MbpsのADSL（帯域は，実効で2～4 Mbps程度）で，一応クリアしていますが，できれば100 Mbpsの光ファイバーがベストです。

アニメーションには注意が必要です。アニメーションを映像として実現していれば，映像と同じ帯域と考えればよいですが，Flashのようにベクトル情報（図形と動きの命令）でデータを送れば，見た目は確かにアニメーションですが，情報量は音声よりも小さくなったりします。

テキストや静止画（GIFなど）のコンテンツでは，ストリーミングする必要はなく，ダウンロード型です。したがって，技術的には通信帯域は小さくてもよいですが，広帯域ほど，ダウンロードが早く終わる（ページ表示が速く完了する）だけです。ダウンロード時間はテキストの文字数や静止画のサイズに比例します。必要帯域は一概にいえませんが，数十kbps以上は必要でしょう。

また，利用者が快適にマルチマディアコンテンツを利用するためには，帯域だけではなく，以下の要因も考慮する必要があります。

- サーバーの負荷集中（平均およびピークの同時アクセス数）
- パソコンの性能（特に，映像系はパソコンのスピードやオペレーティングシステムの種類が影響します。たとえば，Windows98はWindowsXPに比べ性能が劣ります）

3.4 社内システム部門との連携，役割分担

社内のシステム環境管理は，システム部門がネットワーク管理，セキュリティ対策，サーバー管理を担当しています。一方，企業内のeラーニングの推進は，企業の人事部門や教育部門が行うことが一般的です。しかし，eラーニングを導入する場合は，社内のシステム環境を利用することになるため，人事や教育

部門単独では進めることができないためにシステム部門と調整や連携が必ず必要になります。したがって，導入計画の作成段階においてシステム部門のメンバーにシステムや運用検討スタッフとして加わってもらうことが重要です。

システム部門は，システム面のコンサルタントであり，以下の役割を担っています。

- サーバーやネットワークの管理
- システム構築，運用のサポート
- ベンダーの紹介
- LMS購入のアドバイス
- ヘルプデスクサポート
- 運用要員の支援
- 運用アウトソーシングの支援

教育部門とシステム部門との協力の具体例をあげます。

たとえば，学習期間が限定されているeラーニングコースでは，期間終了間際に学習者が急増するのが一般的です。このとき，学習者数やコンテンツの重さによっては社内のイントラネットにかなりの負荷がかかり，社内の他業務にも影響を及ぼすことも考えられます。学習ピーク時のネットワーク負荷について事前にシステム部門に相談するとよいでしょう。また，ネットワーク負荷を分散させる方法として部門別に学習期間をずらしたり，学習者に対してこまめに早期の学習を促す学習促進メールを出すことも有効です。

また，学習中に学習者は，いろいろなトラブルに遭遇します。たとえば，IDやパスワードを忘れた，学習ポータルにつながらない，操作が分からない，レスポンスが遅い，などです。このようなときのためにヘルプデスク（問い合わせ）を設けます。ヘルプデスクは，教育部門（人事部門），システム部門のどちらかが担当します。場合によっては，両方で担当し，内容により質問を振り分けることもあります。一方，学習者に対しては，ヘルプデスクの担当部門，連絡方法，受付時間などを受講案内や学習ポータルで明確に通知しておきます。トラブルに遭遇しても安心してeラーニングを続けられる環境を学習者に提供することが大切です。

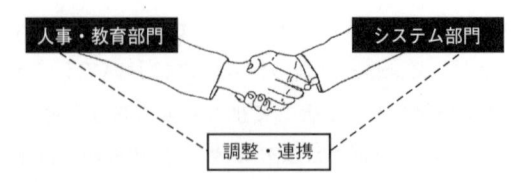

▶ 図3.2　社内システム部門との連携，役割分担

　eラーニングの推進業務は，部門をまたがる業務なので，互いの思惑の違いなどで作業に支障が生じやすい傾向があります。共同作業を円滑に行うためには，①最初に目標の理解と共有を行う，②役割分担を明確にする，③日常のコミュニケーションを緊密にすること，が重要になります。そのときにトップからeラーニング推進について強い指示があれば部門間の協力は促進されるでしょう（図3.2）。

◀ 3.5　イントラ型eラーニング設計の留意点

　eラーニングの基盤となる管理システムをLMS（Learning Management System）といいます。LMSを社内のサーバーで管理しeラーニングを実現することをイントラ型eラーニングと呼びます。ここでは，イントラ型eラーニングを設計，導入する際の留意点について説明します。

　イントラ型eラーニングには表3.1に示すような特徴があります。

　このような特徴を考慮し，イントラ型eラーニングの導入を検討します。

　イントラ型eラーニングの基盤となるのは，LMSです。LMSで何ができるのか。また，自社の教育目的や条件に合わせるためには既存のLMSの機能で十分なのか。または一部カスタマイズが必要なのかを考える必要があります。

　LMSの機能には各ベンダーで提供されているLMSに共通な基本機能とLMS独自な機能があります。LMSの基本機能は，コース配信，学習者管理，コース管理，ライセンス管理，管理者サポートです。その他，eラーニングベンダー各社の独自機能があるので，自社に最適な機能を有するLMSを選択する必要があります。

自社の教育方針や社内体制，インフラ環境など導入企業によってeラーニングに必要な機能が異なりますので，eラーニングベンダー各社のLMS機能の比較をすると共に，自社に必要な機能の有無やカスタマイズの可否などをeラーニングベンダー各社へ聞いてみることも必要です（図3.3参照）。

▼ 表3.1　イントラ型eラーニングの特徴

項目	イントラ型eラーニングの特徴
コスト	初期費用大，大人数の利用を前提
設備	専用サーバー，社内回線等のインフラ
システム運用	設置から運用までの準備と人員が必要
運用サポート	ヘルプデスクを設置
セキュリティ	安全性は高い
カスタマイズ	コストが必要だが対応可能
納期	購入，設置，導入に時間がかかる
コンテンツ	音声，動画等も可能
受講制限	一般に社内のみの利用

■基本機能
・コース配信
・学習者管理
・コース管理
・ライセンス管理
・管理者サポート

■その他の機能
・コース制作
・ナレッジマネジメント
・研修管理
・受講申し込み・決済　など
　（*LMSによって異なる）

■カスタマイズ要件
・ログイン画面やメニュー画面に表示する内容の変更
・LMSの機能の追加，変更
　（たとえば，学習者のログデータの追加，ログデータの
　　CSVファイル出力機能の追加など）
・レポート出力内容の変更
・人事システムとのリンク，など

▶ 図3.3　LMSの構成

▼▼ 表3.2　LMSの基本機能

機　能	概　要
コース配信	学習者へコースを配信する機能。コースの提供から目次表示，コース画面表示などの機能
学習者管理	学習者の登録，変更，削除から学習進捗の管理や質問管理，FAQ作成などのメンタリング，チュータリング機能も含まれる
コース管理	講座の開設から，目次作成，コース登録などのコース管理機能
ライセンス管理	何を学習したかをライセンスの観点から管理する機能
管理者サポート	管理者の登録，変更，削除から管理者が管理できる学習者の対応を行うと共にデータベースを活用しながら各種統計がとれる機能

▼▼ 表3.3　LMSのその他の機能（LMSによって異なる）

機　能	概　要
コース制作	学習画面，テスト問題作成の作成機能。eラーニングベンダーによっては，音声や動画を活用したコースを制作する機能もある
ナレッジマネジメント	学習者自身によるナレッジの登録機能や，検索，配信機能などコースをナレッジとして活用する機能
研修管理	集合研修の空き状況管理や講座案内など研修全体を管理する機能
受講申し込み・決済	受講申し込みや上司の承認，課金，請求書発行などの機能

　LMSの主な機能を，表3.2，表3.3にまとめます。

　イントラ型では，LMSをベンダーから購入し，LMSのインストールや保守作業はベンダーに依頼することが多いのですが，LMSサーバーを管理する担当者を自社でアサインし育成することが必要です。このような運用管理者のコストも考慮します。

　また，購入したLMSの既存の機能を各企業の制度や環境に合わせて一部カスタマイズすることもあります。

たとえば，次のようなカスタマイズ要件が考えられます．

- ログイン画面やメニュー画面に表示する内容の変更
- LMSの機能の追加，変更
  (たとえば，学習者のログデータの追加，ログデータのCSVファイル出力機能の追加など)
- レポート出力内容の変更
- 人事システムとのリンク

LMSのカスタマイズ作業は，LMSの機能仕様を詳細まで理解している必要があり，通常はLMSを購入したベンダーに依頼する場合が多いようです．

3.6　ASP型eラーニングの特徴と活用法

ASP型においてはインターネット経由でサーバーへアクセスするため，インターネットの出入口部分の利用状況などを常に考慮する必要があります．また，職場によっては，セキュリティの面から社外へのインターネットのアクセスができないようになっている場合（具体的にはプロキシーサーバーの設定でアクセスできないようにしている）や，アクセスを許可されていてもファイアウォールがJavaやストリーミングに対応していない場合もありますので，事前に各企業のネットワーク担当者への確認が必要です．

ASP型eラーニングの特徴は表3.4のようになります．

また，この方法を選択する際の留意点は次のとおりです．

（1）回線状況のチェック

ASPではインターネットを利用するため，インターネットの回線帯域も確認します．たとえば，映像や音声付のコンテンツを見るためには安定した広帯域のネットワークが必要となりますが，学習者のネットワーク環境がブロードバンド対応しているかを調査します．

（2）ASPサービス会社のもっているLMSの機能のチェック

ASPではASPサービス会社のサーバーにLMSを管理します．ASPではASPサービスレベルに合わせてLMSの機能を制限している場合もあります．学習

▼▼ 表3.4 ASP型eラーニングの特徴

項 目	ASP型eラーニングの特徴
コスト	初期費用小，流動コストが中心
設 備	インターネット接続が可能，外部への回線状況やセキュリティ基準の確認が必要
システム運用	基本的に不要
運用サポート	ベンダーやASPサービス会社がサポート
セキュリティ	インターネット利用のリスクがある
カスタマイズ	基本的には不可
納 期	すぐに受講がスタート可能
コンテンツ環境	インターネット環境に左右される
自社コンテンツ	基本的にはASPサービス会社提供のコンテンツを利用することになるが，自社コンテンツを利用できるサービス会社もある
受講制限	どこからでも利用できる

事例紹介　中国電力株式会社

1) 集合研修のネックを解決するeラーニング

　中国電力では，業務のIT化に伴い，1996年より全社員の中から希望者を対象に，Word，ExcelなどのOA教育を実施してきた。OA教育を主管する情報システム部では，研修所で集合研修を実施するほか，各事業所を巡回して研修を行ってきたが，いずれも定員があるため，希望者全員にタイムリーに学習機会を提供することが困難だった。情報システム部にとっても，限られた人員の中で研修の回数を増やすことは容易ではない。そこで，2000年半ばからeラーニングの検討を開始。同社の技術研究センターにeラーニングの有効性の研究を依頼し，部内でも翌年から本格的な導入の検討に動き出した。

社内で新システムを導入する際は，全社員が利用方法を知る必要がある。
　eラーニングを導入する以前は，代表者を集めて研修を行い，その代表者が職場へ戻って2次研修，3次研修を行っていた。この部分についても，eラーニングなら，一度に全社員に提供することが可能になる。集合研修に参加する社員も中国地方全域にわたるため，遠方から参加する場合，職場を3日間も離れることになる。集合研修を受けづらい社員にも均等に学習機会を提供できる点でも，eラーニングが望ましいと考えられた。

2) eラーニングシステムの選定

　情報システム部では，当初サーバーを用意してeラーニングシステムをイントラネットで導入しようと計画した。しかし，イントラ型では自宅での学習ができないため，グループ企業であるエネルギア・コミュニケーションズがeラーニングシステムを運用し，そこからインターネットで利用するスタイルに変更した。

　eラーニングシステムの選定にあたっては，5社の製品について，①期待するようなコンテンツがあるか，②管理業務が効率化できるか，③教材作成が容易か，などの項目を中心に検討した。

　採用の決め手となった理由の1つが，ベンダーが提供するコンテンツの内容だった。もともと中国電力では集合研修でベンダーのテキストを利用していたため，eラーニングに移行しても受講者が親しみやすい内容だったという。また，Office2000系のコンテンツは勤務中にも使用するため，音声を消してもテキストで学習できることが求められたが，この条件も満たしていた。

3) eラーニングの全社的な活用を働きかけ

　中国電力では，情報システム部以外にも，流通事業本部の電力技術研修担当者が，部内での業務教育のために独自でコンテンツを作成している。流通事業本部では従来，集合研修の事前学習を通信教育で行ってきたが，その部分をeラーニング（ASPでの利用）に切り替えた。運用開始以来，すでに50以上（H15.12.1現在）のコンテンツが登録され，変更・追加も頻繁に行われている。コンテンツ作成のためのマニュアルもコンテンツとして登録され，担当者の誰もがコンテンツを作成できるようにしている。

者はどこまでの機能が利用できるのかをASPサービス会社に確認しましょう。

（3） ASPサービス会社のコンテンツの品揃え，品質のチェック

利用できるコンテンツの種類，品質を確認します。コンテンツのデモサイトがあれば事前にアクセスしてコンテンツの内容を調査します。

（4） ASPサービス会社のサービスのチェック

ASPサービス会社のサービス内容を確認しましょう。サービス会社によっては，顧客のオリジナルコンテンツが利用できたり，ログイン画面を会社オリジナルなものに修正するといったサービスも提供しています。

コラム　標準化の規格SCORM

　eラーニングが普及するにつれて，どんなコンテンツもすべてのLMSの上で使えるようにとのユーザーからの要望が強まりました。それを受けて，ベンダー側では規格の標準化に取り組んできました。

　SCORM（The Sharable Content Object Reference Model）とは，米国の標準化団体ADL（Advanced Distributed Learning Initiative）が策定した学習コンテンツの標準規格であり，学習コンテンツを学習者に提供する順序を定めたコンテンツ全体の構造，学習履歴の記録などの規格を決めています。SCORMにより，LMS間でのコンテンツの流用が容易になります。独自仕様で開発されているLMSの場合，そのLMS用に開発したコンテンツを他のLMSに移植する場合は，移植先のLMS仕様に対応してコンテンツの変換処理が必要となります。LMSがSCORM対応であれば，SCORM対応コンテンツが変換処理なしに利用でき，無駄な作業工数の削減ができます。

　SCORM規格により，利用者は以下のようなメリットが得られます。

1) 利用できるコンテンツの幅が広がり，多様な教育ニーズに対応することが可能になります。
2) コンテンツを複数のLMSに移植するコストが不要となり，また，

1つのコンテンツ利用数が拡大するために，コンテンツの低価格化が図れます。
3) LMSを更新してもSCORM準拠である限り，開発したコンテンツを継続利用できます。
4) SCORM対応LMSで利用可能なコンテンツが飛躍的に増加し，ベンダー間の競争によりコンテンツの高品質化が進みます。同様に，LMS，オーサリングツールも高機能化，高品質化が進みます。

以下に，SCORMが具体的にどのようなしくみで標準化を実現しているかを説明します。

SCORM規格では，コンテンツをサーバー側コンテンツとクライアント側コンテンツに分けて考えています。サーバー側コンテンツでは，通常の教材の「章・節・項」からなる目次構成，章立てや前提条件を階層構造で定義しています。階層型コンテンツの一番末端のページは，ページごとにクライアント側コンテンツが対応づけされています。

このクライアント側コンテンツのことをSCO（Shareable Content Object）といいます。SCOとは，動作可能な最小単位であり，テキスト，画像，音声，ウェブページなどから構成されています。このSCOがサーバーと学習時間，演習問題の解答，正解，得点などのデータをやり取りします。SCORMでは，SCOの構造，表記モデル，実行環境，サーバー側との通信インタフェース，SCOに関する属性情報を付与するメタデータの表記モデルなどを定めています。

このように，SCORMでは，LMSとコンテンツを分離し，両者間のインタフェースや，やり取りするデータ構造の統一を図っており，これにより，異なるベンダー間でのLMSやコンテンツの自由な組み合わせが可能となるしくみを提供しています。

3.7 LMSの選択

LMSはどのような基準で選定すればいいのでしょうか。まず，自社のeラーニング実現のための必要条件を洗出します。その後，必要条件を満足する

▼▼ 表3.5 LMSの選定ポイント

選定ポイント	概　要
機　　能	自社に必要な機能を有しているかなど，3.5節「イントラ型eラーニング設計の留意点」を参照
学習者のパソコン環境	特殊なソフトウェアをインストールせずに受講できるか，ブラウザの対応バージョン，必要なメモリなどのスペック，インターネット接続回線の速度などを確認 また，社内の情報インフラによる制限事項も確認
自社独自コースの作成	自社の社員が独自コースを簡単に作成する機能を有しているかを確認
機能の拡張性	eラーニングベンダーごとの基本機能に加え，自社独自の機能を拡張できるかどうかを確認 目的を達成し高い効果を得るために必要な自社独自機能や，運用中に新たな機能が必要となるなど，機能の拡張性がeラーニングの成功を左右する
運用サポートサービス	導入後の機能説明や操作説明，バージョンアップなど運用サポートサービスの有無を確認
コンサルティングの有無	導入に関するコンサルティングから運用に関するコンサルティング，市場動向の説明などeラーニングにはコンサルティングが欠かせない
システムの拡張性	学習者数が増加した場合のソフトウェアの拡張やハードウェアの拡張など，運用を継続しながらシステムを拡張できるかどうかを確認
コ ス ト	初期コストと運用コストのバランスが大切。莫大な初期コストの支出を避けるだけでなく，数年先まで見据えた適切な運用コストも確認しよう。初期コストには，LMSの購入・ライセンス費，インストール費，カスタマイズ費，および操作研修費がある。また，運用コストには保守費，サポート費，およびバージョンアップ費がある

LMSを選定することになりますが，選定のポイントは，次の2点です。

- 自社のeラーニングの実現に必要とする機能があるか
- LMS提供ベンダーのサービス内容と価格

たとえば，社員のスキルを図る目的であれば，試験機能が充実していることが選択要件になります。また，自社の既存システム（研修管理システムなど）とのデータ連携をして，社員の人材開発全体の総合管理をめざすならば受講履歴のCSV抽出機能や社員コードを利用したID登録機能をもつことが選択要件になります。

LMS選定にあたっては，教育主管部門がイニシアチブをとり，eラーニングにおいて実現したい機能を検討して決定しますが，インフラ面（サーバー，回線，パソコン，設置場所など）の検討についてはシステム部門のアドバイスを求めるとよいでしょう。

LMSの選定ポイントを表3.5にまとめました。

3.8　LMS導入の手順

LMSベンダーを決定したら，LMSの要件定義，仕様策定を行います。安易な要件定義や仕様策定では，適切な効果を得ることができないばかりでなく，不必要な開発や製品の購入などトラブルのもとにもなりますし，LMSの構築期間遅延の原因にもなります。適切な要件定義と仕様策定は円滑なLMSの導入や追加コストの低減など時間やコストの削減にもつながります。

要件定義する場合の留意点は以下のとおりです。

① システム部だけで進めるのではなく，人事部側とシステム部側が共同で推進する。
② 目的や実現すべきことを両者が共有する。
③ 実現したい機能に優先順位をつける。
④ 利用者の使い勝手を重視する。
⑤ 必ず画面イメージをチェックする。
⑥ システムや回線に負荷がかからないよう，コンテンツや運用方法を検

▼▼ 表3.6　LMSの導入手順

手順	概要
1) 事前調査	学習者数や社内ネットワーク環境，ハードウェアの有無などを調査し，設計に必要な基礎データを収集
2) 要件定義	自社のeラーニング導入の目的や効果などに基づいて，LMSに対する必要要件を洗い出す 要件定義の一例を以下に示す (学習管理者) 　・学習者情報やコース情報の登録/修正 　・学習者一斉のお知らせ通知や学習者からの質問/回答 (講師) 　・学習コンテンツの作成や修正 　・テストの修了条件設定，実施条件設定 (学習者) 　・学習履歴の閲覧 　・学習と途中中断，履歴の引継ぎ (上司) 　・部下の学習履歴情報の閲覧 　・学習履歴情報のダウンロード 　・部下へのメッセージ送付
3) 仕様策定	要件定義に基づき，ベンダーの提供するLMSのカスタマイズ仕様などを策定し，LMSの詳細機能を決定
4) 設　計	学習目標や学習形態，社内ネットワーク環境などを考慮し，仕様に沿ったLMSを設計
5) 構　築	設計書をもとに，LMSのカスタマイズなどを実施。自社専用デザインなどもこの期間に構築
6) 実　装	自社のサーバーあるいはeラーニング専用サーバーへLMSをインストール
7) テストラン	社内モニターによる模擬受講など，実運用を想定したテスト運用を実施
8) 仕様変更	テストランで見つかった問題点を改善し，本格運用の準備
9) 社内説明会	eラーニングについての説明や普及，啓蒙活動の実施と学習者への操作説明やルール説明と並行して，受講管理方法の説明や運用方法の説明を実施

討する。
　⑦　完成後テスト期間と修正期間を十分にとる。

　要件定義，仕様策定の後は，設計と構築です。この期間にプロトタイプのデザインや動作を確認しなければなりません。構築が完了したら，実装からテストランを実施します。実装とは，サーバーなどのインフラへのLMS導入を指します。ハードウェアやネットワーク，自社内ルールなどにeラーニングが合致しているかの確認のために自社のシステム部門との協議，情報交換，および調整が必要になります。テストランでは，社内モニターによる利用者テストも含め，学習者，管理者，経営者などさまざまな見地からの運用テストを実施します。テストランで見つかった問題点は運用開始前に改善する必要があります。

　運用開始までに社員や学習対象者に対してeラーニングについての説明や普及，啓蒙活動も重要です。学習者への操作説明やルール説明と並行して，学習管理方法や運用方法の説明も実施します。また，この期間に経営者によるeラーニングの奨励などにより学習者のモチベーションを高めておくこともスムーズなeラーニング導入のために必要です。

　LMSの導入手順を表3.6にまとめています。

3.9　学習管理機能

　学習者の学習状況を正確に把握することは，学習者への適切な支援のためにも効果的なeラーニングの改善のためにもきわめて重要です。学習者の学習進捗は学習管理機能で管理します。

　学習者の学習管理機能とは，学習者の学習進捗状況やテストの成績などが研修の管理者によってリアルタイムに把握・管理されている機能のことをいい，通常，LMS（の機能）に組み込まれています。この機能により，学習者の学習評価分析に必要なデータを収集したり，学習者支援が可能になります。

　学習管理機能の要素を表3.7に示します。

　たとえば，進捗管理データにより，誰がいつどこで学習して，その結果，理解度はどの程度であり，どのような弱点があるかといったことが分かります。

それにより，学習が遅れていたり，理解度が不足している学習者1人ひとりに対して適切なアドバイスや学習を促すことが可能となり，その結果，研修の効率化や効果の向上が図れます。また，従来の教室研修の開催場所，主催者，講師などのリソースを管理する機能も備えていれば，eラーニングと教室研修とを融合したブレンディッドラーニングの進捗管理にも利用できます。この場合，教室研修のテスト結果や学習修了状況は講師がLMSに入力します。eラーニングの学習部分については，自動的にLMSに記録されます。LMSの学習管理機能を使って学習者の学習進捗状況を見ると，教室型研修およびeラーニングの学習進捗状況をまとめて見ることができます。

使用者ごとの学習管理機能の使い方を表3.8に示します。

▼▼ 表3.7　学習管理機能の要素

機能要素	概　要
学習者別学習履歴表示	学習者別にコースごとの受講率，進捗率，修了率が分かる
コース別履歴表示	コース別に全申込者の受講率，進捗率，修了率が分かる
部門別履歴表示	部門別にコースごとの受講率，進捗率，修了率が分かる
部門間比較表示	コースごとに部門間での進捗率や修了率の比較が分かる

▼▼ 表3.8　学習管理機能の使い方

使用者	概　要
経営者，部門長	全社や該当部門における学習コースの学習状況を知ることができ，全社単位または部門単位の教育計画や見直しの参考となる
学習者	学習したコースにおける自分の強みや弱点が把握できる。学習計画や実績フォローの参考となり，今後の重点学習の指標となる
講　師	コースごとの履歴情報を見て教材やテスト問題の見直しの材料となる
上　司	自分の部下の学習進捗の把握ができ，適切なフォローができる

> **事例紹介** トヨタ自動車株式会社
>
> トヨタ自動車では，初回のeラーニングとして，「グループ長研修」(人材育成，職場管理がテーマ，約2,000名が対象)を実施した。本研修は，eラーニングを全社展開するにあたって，その効果や受講者の受け入れ度を図るトライアル(試行)としての意味合いもあった。結果として，「グループ長研修」は好評を得ることができ，その後，全社を対象とした本格的な展開が始まった。具体的には，メールマナー，機密管理研修，海外赴任者向け研修，またWord，Excel，Office製品の操作教育などが実施されている。また，各部署が主催する「本部専門教育」では，業務に必要な専門知識の習得を目的とした研修にeラーニングが利用され，全体として20以上のコースが開講されている。全社への展開がスムーズに行われた要因の1つに，職場上司である「グループ長」が，最初期ユーザーとして，eラーニングの利便性を理解してくれたことがあげられる。

◀ 3.10 同期型学習システムの設計の留意点

　同期型学習は，衛星通信などを利用し，複数の地点を回線で結んだ学習形式です。最近のシステムでは，出席者の顔や音声を動画で配信したり，それぞれの学習者が双方向で会話するなどのコラボレーション機能を備えたものがあります。多人数の学習者が1箇所に集まる学習方法と同様のリアルタイム性と，双方向のインタラクティブ性の高いeラーニングが実現できるようになっていますので，コミュニケーションをとるための移動時間・コストが削減できるというメリットがあります（図3.4参照）。

　たとえば次のように学習は進みます。まず，学習者は定刻にコースにサインオンして，インストラクターの講義を聴きます。このとき必要なテキストや教材は画面に表示されます。講義するインストラクターの顔が動画で示され

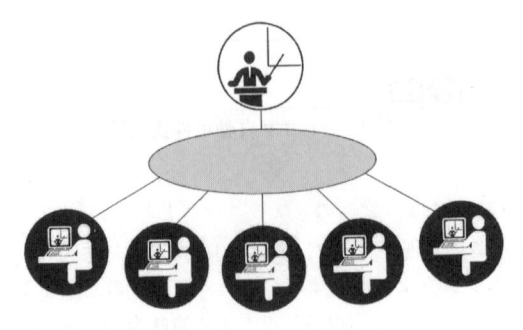

▶▶ 図3.4　同期型学習システムの略図

ることもあります。途中でインストラクターに質問をすることも可能です。講義の後に，演習問題を解いて解答を記入します。他の学習者の解答を見ることもできます。必要なら学習者同士がディスカッションすることも可能です。そのため，情報を即時に伝えたいときやディスカッションすることでより良い意見が生まれる場合の教育に有効です。こうしてバーチャル（仮想）クラスがネット上で実現できます。

　しかし，単に教室用の研修を同期的に配信するだけではメリットが大きくはないでしょう。効果が発揮されるのは，その同時性を最大限に発揮するようにコース自体がデザインされることが重要です。たとえば，重要人物の講演，重要なプレゼンテーション，学習者同士の活発なコミュニケーションがあるコースなどです。

　一方，非同期型学習スタイルでは，学習者は自分のペースで学習が可能です。自分の好都合な時に教材をダウンロードさせて1人で少しずつ学習を進めます。インストラクターは存在せず，他の学習者とインタラクティブな交流はありません。つまり，非同期型学習とは学習者がたった1人で学習する手法です。そのため1人で学習し続けることの難しさが，非同期型学習の欠点になります。この欠点を補うために，コンテンツの内容や構成に工夫を凝らしたり，FAQ（よく出る質問の回答を提供する），メンター（学習者を励ましたり，助言したりする人）やチューター（学習内容のアドバイス，指導），学習者同士の意見を交換する掲示板を設けたりするようになってきました。

> **事例紹介** スカンディア生命保険株式会社
>
> 代理店サポートの一環として，代理店向けの研修サービスを実施している。従来，こうした研修は代理店をサポートする同社のホールセーラー（営業担当者）が Face to Face（対面）で行ってきた。しかし，増え続ける代理店に対して限られた人数のホールセーラーが十分な対応を行うには物理的制約が出てきたため，2001年よりeラーニング導入を検討した。
>
> eラーニングのベンダー選択にあたっては，以下の項目を重視した。
> ・ASPサービスを受けられること
> ・社内スタッフが容易にコンテンツを作成できること
> ・カスタマイズを必要とせず，標準機能で最低限の成績管理ができること
> ・特に，ASPサービスについては，資産保有のコストを抑えるという同社の方針から必須条件とされた
>
> eラーニングを導入したことのメリットとして，学習者の履修管理の容易化がある。導入以前は，履修管理が煩雑で非常に苦労していた。特に機関代理店のように募集人が大勢いる販売代理店の場合はたくさんの人数を一度に対応しなくてはならず運用が大変であった。
>
> eラーニングを導入したことで，適宜，受講履歴が記録できるので受講の督促など確実なフォローができるようになった。また，代理店側でも同時に履歴情報の把握ができ，代理店からも喜ばれている。

2つの学習スタイルの特徴をまとめると表3.9のようになります。

同期型学習システムを設計する際に，非同期型と比べリソースや学習環境の考慮が必要な点があります。具体的に，同期型学習システム設計上の留意点を以下に説明します。

（1） ネットワーク

同期型学習システムを利用する学習者のネットワーク帯域を確認します。

映像や音声を配信するためには安定した広帯域のネットワークが必要にな

▼▼ 表3.9　同期型学習スタイルと非同期型学習スタイルのメリットと課題

	メリット	課題
同期型学習スタイル	・学習者にとって参加しやすい形式 ・インストラクターからの働きかけが学習効果を上げる ・学習者同士の多様な交流が可能 ・コミュニティを形成するので学習が持続	・すべての学習者を同時刻に参加させることは難しい ・必ずコースに参加させるには学習者にプレッシャーをかけることも必要になる ・インストラクターのコストがかかる ・動画やグラフィック，音声を送るために広い帯域が必要になる ・すべての学習者がアクセスできるネットワーク環境を用意しなければならない
非同期型学習スタイル	・時間が定められていないのでいつでも学習者は学ぶことができる ・自分の学習したい箇所を集中的に学習することで効率的に学習できる	・インストラクターや一緒に学習する仲間がいないので十分に理解できないこともある ・1人で学ぶのを嫌がり，人に頼ろうとする人もいる ・チェックしたり，励ましたりしないと最後まで学習しない人がいる

りますが，まだナローバンドの家庭や地域も数多くあります。

　今後は，ブロードバンドの普及地域も拡大していくと思いますが，現状では学習する地域のネットワーク帯域を考慮して同期型学習システムを設計してください。

（2）ハードウェア

　同期型学習で利用するパソコンのスペックを確認したり，同期型学習で必要なマイクやスピーカーがあるかどうかを確認します。

（3）アプリケーション

　同期型学習システムで何を学習するのかを明確にして，学習するコンテンツが同期型学習システムのアプリケーションで対応可能かどうかも確認する必

要があります。

（4） 学習者のリテラシー

どんな形態のeラーニングであっても共通の問題として学習者がパソコンやインターネットを使えるリテラシーは必要になります。しかし高齢者や小・中学生の初等・中等教育での若年層のリテラシーの不足が問題になります。

たとえば，同期型学習システムの使い方に慣れていない場合，「分かった人は挙手ボタン，もしくは○「丸」ボタンを押してください」と授業中に案内すると「そのボタンが見つからない」とか「2回押すと押してない状態に戻るのに2度押してしまった」といった反応が返ってくることもあります。

また，発言をする際にはコントロールキーを押しながら話してくださいと案内すると「コントロールキーがどこにあるのか分からない」とか押し忘れて話すため，聞こえないというようなことが発生することもあります。

このようなことも想定して，学習者にはリテラシー教育やサポートを徹底する必要があります。

（5） 職場の環境

eラーニングのメリットはネットワークに接続できる環境があればいつでも，どこでも，誰でも学習ができることです。同期型学習システムでは実は講師の時間と学習者の時間を拘束することで臨場感のある授業を提供できる反面，学習者の時間を拘束するという問題もあります。たとえば，開催日の周知をしっかりしないと学習者が集まらないとか，授業時間は学習に拘束されるため仕事を中断しなければならないという問題がでてきます。このようなことを考慮し，同期型学習が職場内で自由に実施できるように職場の環境作りを整備する必要があります。

以上のような点を計画に織り込み，新しい計画を立案すれば，きっと企業や学校の機動性をアップする成果を手に入れる有効な同期型学習システムを運用することができるでしょう。

コラム バーチャル図書館（eライブラリー）

近年，図書館の役割は大きく変化しています。書籍や資料等の情報収集がその主たる目的だった時代から，今日では図書館の保有する情報をいかに数多くの人に利用してもらうか，そのためにどのような情報発信が可能かといったことが問われる時代となっています。

さまざまな情報がインターネット等の広域ネットワーク上に分散し，種々のユーザーが構築した多種多様でかつ常に更新が行われるような既存のデータベースの中から，目的の情報を探し出すのは非常に大変なことです。

これに対して，情報検索の専門家でない利用者でも，目的とする情報の所在を容易に探し出せるように，検索を支援するシステムのことを「バーチャル図書館」といいます。

この「バーチャル図書館」の特徴としては，以下の点があります。

① 従来の図書館という概念の枠組みから大きく飛躍したものであること（個人，大学，図書館，博物館，美術館，書店等が作成したコンテンツの集合体）。
② 遠くにいながらもコレクションがすぐに入手できること。
③ 文字，画像，音声などマルチメディアに対応していること。

最近では，インターネット上に存在する情報資源やそれらを探すために構造化されたデータである「メタデータ（データに関するデータ）」も実装され始め，デジタル情報を効率的に収集・利用できる「バーチャル図書館」というものが，現実として動き始めています。

バーチャル図書館システムへの適用例として，以下のようなものがあります。

情報収集ロボットにより，インターネット上の情報提供サーバーから情報を収集し，バーチャル図書館上に検索用インデックスが構築されます。利用者は，用途別メニュー等の検索インタフェースでこのインデックスをアクセスすることにより，簡単に目的とする情報の在処を検索することができます。

アメリカにおいてもスタンフォード大学やカーネギーメロン大学等の多くの図書館や博物館でバーチャル図書館が実現されています。たとえば，自宅のパソコンから知りたい用語を検索することで検索した本の内容までパソコンの画面に表示することができます。あたかも，自宅に全世界の図書館がある感覚になります。一方で，それぞれの本には著作権があるため，適切に本の利用ができるアクセスコントロール技術の普及が今後の課題といえます。

3.11 映像情報の活用

ネットワークのブロードバンド化によって，eラーニングの分野でも映像を利用したコンテンツが出てきました。映像を使ったeラーニングが実用に至った背景には，ネットワークのブロードバンド化だけでなく，パソコンやサーバーのコストパフォーマンスが向上し，ディスクやメモリが大容量化したこと，再生に必要なソフトウェアが無料配布されていること，使いやすいコンテンツ制作ソフトウェアが比較的低価格で出回っていることなどがあげられます。

映像を使ったeラーニングには，次のような特徴があります。
① 学習コンテンツに講師の映像を加えることで，立体感，臨場感を出すことができる。
② 文字やイラストでは伝えにくい内容を容易に伝えることができる。
③ 集合ベースの研修内容を時間と費用をかけずにeラーニング化することができる。
④ ビデオテープの資産を継承することができる。

従来困難であった分野にも映像の利用によってeラーニングが適用できる領域が拡大しています。たとえば，以下のような適用領域があります。
① 社長訓示を全社に同時に伝える。（ライブ放送またはeラーニングの冒頭で流す）
② 新商品の説明を地域の営業所や販売店に流す。（映像マニュアル）

③ 集合教育・大学の講義の講義映像を撮っておき，オンデマンドで利用する。
④ 研究者の実験結果や研究業績を遠隔地の会場で公表する。

映像をeラーニングに適用する際に検討する要素として，まず，ネットワークの帯域があります。映像は，文字や静止画像に比べて容量が大きいため，ストリーミングという方式で配信します。ストリーミング方式とは，映像データを受信しながら再生する方式のことで，データ全体のダウンロード完了を待たなくてよいというメリットがあります。ただし，ストリーミングに必要な最低帯域（目安として100 kbpsから500 kbps）を確保する必要がありますので，利用予定のネットワークが対応できるかどうか事前に確認してください。

次に，映像をストリーミング方式で配信するサーバーをどうするか検討します。自社イントラネットに設置する方法と，ASP事業者がインターネット上で提供するストリーミングサービスを利用する方法があります。また，どちらの場合も，細かな学習管理が必要であれば，LMSとの連携が可能かどうかを確認します。映像配信に必要な機器としては，高性能サーバーにストリーミングサーバー用のソフトウェアを載せるか，ストリーミング専用のパッケージ化されたサーバーハードウェアを購入します。

最後に，独自コンテンツを自社制作する場合，撮影やオーサリングをどうするか検討します。映像品質にこだわらなければ，自力で行うことができます。PCへの映像データ入力が可能なカメラは，数千円から入手できます。簡単な映像編集を行ったり，PowerPointと映像を同期させたり，ストリーミング可能なデータ形式に変換したりするツールも，ほとんど無償で入手することもできます。

一方，ある程度の品質が必要な場合は，専門業者に委託します。撮影の時間，編集作業（エフェクト，ナレーション追加，BGM，テロップ等）の内容などを予算との兼ね合いで検討します。

コラム バーチャルプレゼンテーション，バーチャル講義

　ビジネスや教育現場においては，ウェブを利用して，いつでもどこでもプレゼンテーションや講義の様子を視聴したいというニーズが急増しています。これらのニーズに対応したものが「バーチャルプレゼンテーション」および「バーチャル講義」です。

　バーチャルプレゼンテーションとは，プレゼンテーションや講義の映像や資料をオンデマンドで配信する技術です。バーチャルプレゼンテーションを実現するには，プレゼンテーション作成オーサリングツールを使います。このオーサリングツールを使えば，実際にプレゼンテーションを行わなくても既存の動画，音声データとパワーポイント資料を組み合わせてプレゼンテーション用コンテンツを作成でき，これをウェブ配信できます。

　また，ツールによっては，手書きで書き加えたコメントをプレゼンテーションコンテンツに追加でき，講師やプレゼンターの考えをそのまま視聴者に伝えることができます。

　バーチャルプレゼンテーションの用途は，企業の商品紹介や広報活動などの企業間のコミュニケーションツールにとどまらず，簡易的に作成できるメリットを生かし，社内向けeラーニングとしての学習コンテンツとしても活用されています。

　バーチャル講義とは，学問的に定式化された概念ではありませんが，一般的に大学・大学院の高等教育機関で行われている遠隔教育において配信されている講義を指します。このような大学・大学院をバーチャルユニバーシティ（Virtual University）と呼ぶことがあります。2001年にはアメリカの56%の大学，86%の公立学校でインターネット等を用いた遠隔教育が実施されています。日本の大学でも通信衛星，テレビ会議，インターネット等を活用した遠隔教育の試みが増えています。

　日本の場合，まだ，実験段階のものが多い状況ですが，文部科学省の制度緩和（単位認定基準の緩和）によって，着実にその数は増えています。メディア教育開発センターが実施した2003年の調査結果では，4年制大学の15.4%がインターネットを用いた授業の配信をすでに実施しており，25.5%が現在計画中とのことです。

4 コンテンツ選択と制作

4.1　eラーニングと集合研修の判断基準

　企業では社員に対しさまざまな学習機会を提供しています。企業で提供している教育コースの中でどのコースをeラーニング化するかというのは重要な判断です。ここではeラーニング化に適する対象領域について見てみましょう。

　まず、eラーニングとして効果を上げやすい研修テーマかどうかは重要なポイントです。理解や記憶をすることを中心とした知識型の研修であれば、比較的eラーニングとして効果を上げやすいといわれています。これはたとえば、法令や技術、理念や方法などを学ぶものです。

　一方、コミュニケーションや行動を通して学ぶ、体感型のものはeラーニング化に適していないといわれています。たとえば、議論中心のコースやプレゼンテーションスキルの習得コース、対象物に触れることで学ぶようなものです。しかし最近ではシミュレーション（模擬体験）を行う教材や、チャットなどコミュニケーションを通して学ぶ教材も増えてきましたので、これらの研修テーマでもeラーニング化の検討が可能です。

　また、eラーニング導入には一定のコストがかかるわけですから、コスト削減や売上げ向上、組織力向上などを期待できる研修テーマを選ぶことも重要でしょう。

　さらに、eラーニングの特長を生かせるものかどうかも判断基準になります。

たとえば，eラーニングではテキスト本の配布などと異なり，受講したかどうか，理解したかどうかの履歴を採取できますので，会社として管理したい知識項目には有用です。たとえば法令や環境や情報セキュリティなどは，数多くの社員が習得する必要があり，会社としても社員の理解の状況や程度を把握，管理する必要があるものなどはeラーニング化が有効となります。

最近では，eラーニングの発展的な特長を生かせるものか，eラーニングでないとできないものかどうかも判断基準になります。たとえば，eラーニングでは知識を受講者のもとに届けるコストが安いわけですから，コース研修だけではなく，小さいサイズの知識を継続的に届けるようなものには有効でしょう。また日々新しい知識が発生したり変化するような分野も，eラーニングでその徹底を図るには有効でしょう。たとえば，自社商品の知識習得や，業務マニュアルなどがこれにあたります。

また，eラーニングは職場のパソコンで学習できることから，業務から学習，学習から業務への移行が容易で，業務活動と密接な学習スタイルをとることができます。このため，日々の業務と密接な知識やノウハウをeラーニングの対象とすることで，業務効率の向上にも役に立ちます。

この発展的な特長を考えたとき，単に現在の研修をeラーニング化するという発想を超えて，従来の研修体系が大きく変わる可能性があります。従来の研修スタイルにeラーニングにより実現できる新しい研修スタイルを加え，もともと伝えたい知識の内容と伝えたいタイミングを整理することで，どれをどの研修スタイルで学ぶのが最適か，新しい研修の枠組みを整理しなおすことが必要となるでしょう。

◀ 4.2　汎用コンテンツの購入と自社制作

実際の教育研修では教育会社から購入した汎用の教材での学習も，自社の社員による独自知識の研修も行われています。これと同じように，eラーニングコンテンツを導入するには，汎用コンテンツをコンテンツベンダーから購入する方法と独自のコンテンツを制作する方法の2つの方法があります。ここではこれら2つの方法の選択基準について述べます。

研修すべき知識が企業独自のものでなく一般的なものであれば，汎用コンテンツを購入するほうがコストメリット，導入スピードからいってお勧めです。ただし，汎用の知識といってもどこに重点をおくか，どのくらいの深さまで学ぶか，どのくらいの時間をかけるか，どのような研修スタイルをとるかなど，自社の教育ニーズに合った汎用コンテンツが存在するか，見つけられるかがポイントになります。そして，自社の教育ニーズのほぼ80％を満たす汎用コンテンツが見つけられるなら，それは自社で独自に制作するのではなく，購入するのがよいでしょう。

　一方，独自の知識を含む内容の研修を実施したい場合には，自社独自コンテンツ制作を行うことになります。この自社独自コンテンツの制作には，コンテンツ制作会社への外注と社内での内製の2つの方法があります。

　最近では，既存に研修資料があれば簡単にeラーニングコースが制作できるオーサリングツール（教材制作ツール）やLCMS（ラーニングコンテンツマネジメントシステム）などのしくみも普及してきました。このようなしくみをうまく導入して内製化することで，逆に汎用コンテンツよりも安く，タイムリーに導入することができるケースも出てきています。

　ただし，自社独自コンテンツを制作した場合には，最初の制作時だけではなく，継続的にそのコースの改訂が必要になります。一方，コンテンツベンダーの提供する汎用コンテンツの場合には，コンテンツベンダーが改訂を実施するわけですから，ここも含めてコスト算出，比較する必要があります。

　この意味で自社独自コンテンツを制作する場合は，コースの改訂が容易にできるしくみを採用しておくことが重要になります。このしくみを採用した場合，自社ニーズに従ってタイムリーに改訂，追加教材を提供することができ，汎用コンテンツよりも高い学習効果を上げることも可能です。

　以上のように，汎用コンテンツの購入か，自社独自コンテンツの制作の判断基準は，独自の知識を含むかどうか，また，汎用知識の場合，必要とされる研修内容に整合したものがあるかどうかと，改訂タイミングや研修スタイルを総合的に考えて判断していくことになります。

4.3 汎用コンテンツの選択とカスタマイズ

最近では，eラーニングの汎用コンテンツも数多く販売されるようになってきました。また，その汎用コンテンツがさまざまなLMSプラットフォーム上で動作するように，コンテンツとLMS間のやり取りの方式を標準化したSCORM（Sharable Content Object Reference Model）規格も設定，浸透しつつあります。

そういう意味では，テキスト本を選ぶように数多くの汎用コンテンツの中から自社に適するコンテンツを選択して，eラーニングで学習できるようになってきています。

汎用コンテンツの内容は会社ごとの教育指針によって作られていますので，自社に適しているコンテンツかどうかを判断する必要があります。

以下に汎用コンテンツを選択する際に必要な視点をあげてみます。

- 教育内容，学習時間はニーズと合っているか
  ——対象分野，教える内容，教える知識の重点の配分など，
- 受講形式，自学自習形式など教材形式が自社ニーズと合っているか
  ——自分のペースで学ぶ形式か，受講形式か，テスト中心か，など
- 改訂のロードマップは見えているか
  ——教育内容に変化があったときにどうするか，など
- 提供形態は，イントラ導入か，ASP提供か
  ——自社サーバが利用できるか，自宅で学習するか，など
- LMSプラットフォームとの整合性はとれるのか
  ——導入済みLMSを適用するか，履歴はどう管理するか，など
- 自社のパソコン環境で動作するか
  ——特殊なプラグインなどは必要ないか，回線容量が自社インフラで可能か，など
- メンタリング，チュータリング（教務指導，質問回答）はニーズとあっているか
  ——質問回答は社内で行うか，教育会社に依頼してよいのか，など

- カスタマイズは可能か
    ——コンテンツベンダーがカスタマイズするか,自社で可能な手段はあるのか,など

これらの視点で汎用コンテンツを検討,選択していく必要があります。また,汎用コンテンツの教育指針と自社の教育ニーズと異なる場合に有効になるのが,汎用コンテンツのカスタマイズです。これには内容の変更や,テスト問題の追加,章や単元構成の見直しなどのコース改訂と,メンタリング方法や試験の組み込みなど学習方法の改訂があります。

汎用コンテンツを提供する教育会社によりますが,自社の教育ニーズをヒアリングして,独自のカスタマイズを行う教育会社も見受けられます。また最近では,汎用コンテンツの改変権を付随させ,教材改訂ツールとしてのオーサリングツールやLCMSをセットにした汎用コンテンツも出てきました。このような場合,自社のニーズに合わせて,追加,削除,変更が自由に行えるので便利です。

コンテンツベンダーの中には,企業のコンテンツ選択のために,汎用コンテンツのテスト学習の便宜を図っているところもあります。汎用コンテンツ導入にあたっては,ベンダーに試用の機会の有無を確認しておくべきでしょう。

◀ 4.4　自社制作に必要な人とツール

eラーニングのコースを制作するにあたり,さまざまな役割の人やツールが必要になります。ここではeラーニングコースを自社制作する際に必要な人とツールについて見ていきましょう。

（1）必要な人員

コース制作を自社で実施する際には,設計・監修から実際の制作まで,さまざまな役割の人が制作に関わります。実際の制作現場の多くでは,役割を兼任している場合が多いですが,eラーニングコース制作に必要な役割を大まかに分類すると,表4.1のような人員が必要になります。

表4.1の人員のうち,特にIDに注目してください。IDはeラーニング教材コンテンツの学習しやすさ,学習目標達成のカギを握るとても重要な役割です。

4 コンテンツ選択と制作　　　　　　　　　　　　　　　　　　　　89

▼▼ 表4.1　教材制作に必要な人員

役　割	概　要
責任者	コース制作の全体管理，教育内容等の決定を行う
監修者	コースの内容について設計/監修を行う
ID（Instructional Designer）	インストラクショナルデザインを行う
原稿執筆者	教務内容を理解されている人が原稿を執筆する
制作者	画像・テキスト・音声・映像などの素材を制作する
ナレーター/出演者	音声を利用する場合はナレーター，動画の場合にはビデオに出演する人が必要
オーサリング作業者	オーサリングツールを利用し，素材を組み合わせてコースとしてまとめあげる
テスター	制作したコースでテストランを行う場合の被験者が必要な場合がある

eラーニング固有の表現や特性について熟知しているばかりでなく，従来の教育方法についても造詣が深い必要がある高いスキルの求められる役割です。ID不在でもコース開発は行えますが，品質は低下する恐れがありますので，ぜひ導入することを推奨します。社外にIDのコンサルテーションを委託する場合もありますが，社内の教育担当者がIDについて学びながら実施するケースもあります。

（2）　必要なツール

eラーニングのコースを作るためには，さまざまなツールが必要です（表4.2参照）。ここでは一般にどのようなツールがコース制作の際に使われているかについて述べます。以下に掲載しているツールのリストは，いずれもeラーニングコース制作業者がよく利用している一般ツールです。これらはeラーニングに限らず，ウェブサイト構築にも広く利用されています。

これらのツールの中には専門的な操作スキルが要求されるものもあります。原稿作成に利用するOffice製品以外は，操作が難しいかもしれません。社内で

▼▼ 表4.2 教材制作に必要な一般ツール

制作物	ツール名（代表的なソフト）
原　稿	ワープロソフト（Microsoft Word） プレゼンテーションソフト（Microsoft PowerPoint）
画　像	画像作成ソフト（Adobe Photoshop／Illustrator）
動　画	動画編集ソフト（Adobe Premiere） 動画エンコーダ（Microsoft Windows Media Encoder）
音　声	音声編集ソフト（Digion Sound）
HTML	HTMLエディタ 　（Macromedia Dreamweaver） 　（Adobe Pagemaker） 　（Microsoft FrontPage Editor）
アニメーション	アニメーション作成ソフト（Macromedia Flash）
参考資料（PDF）	PDF作成ソフト（Adobe Acrobat）

　コースを制作する場合には，これらのツールを社内で使用するのではなく，社外の外注に任せるか，あるいはこれらツールなしで制作できるオーサリングソフトを利用するのが賢明です。

　上記のような一般的なツールに加え，eラーニングのコースを制作したり，教科としてまとめあげるオーサリングツールが必要です。これらのツールについては，日本イーラーニングコンソシアム（eLC）のサイトにある製品検索サイトから情報発信しておりますので，そちらを参照してください。これらのツールの中には，先に述べたように難しい操作なしに簡単にeラーニングコースを制作できるものもありますので，社内制作の際にはご活用ください。

　eLC製品検索サイト（オーサリングツール）
　＞＞http://elc.or.jp/

事例紹介　デジタルハリウッド株式会社

　デジタルハリウッドは，「BtoCクリエイティブ教育での成功モデルをめざす」という明確なビジョンのもとに，eラーニングを導入した。すでに2000年頃よりeラーニングに関する情報収集を開始し，コンテンツ提供レベルでの小規模な取り組みをしていた。2003年3月より本格導入を検討したが，5月より生徒募集を開始，7月にはeラーニングをスタートすることができた。2003年12月現在，約300名の生徒が利用しており，今後はeラーニングコースをさらに拡大し，2003年度末累計1,000名，2004年度3,000名を予定している。

　導入コストは，システム面ではASP型の導入であったため初期投資はかからなかった。生徒が集まったら開始する，というスモールスタートをめざしたことも低コストの要因だった。教育コンテンツは豊富に保有していたため，コンテンツ化作業は2人月程度で進めている。「教える人自身がコンテンツを作る」というコンセプトのLCMSを利用したためコンテンツ制作費も低コストに抑えられている。

　LMSの選定にあたっては，①ユーザーの立場で利用しやすい，②運用中にeラーニングの位置づけや方向性の変化にも容易に仕様変更ができる，を基準とした。コンテンツは，独自コースを社内で開発している。eラーニングとは，情報をもっている人が，直接，情報を得たい人に提供できるツールだと考え，社内の情報保有者がコンテンツ制作者を担当している。また，LMSの変更も考慮し，システムに依存しないコンテンツで運用しているが，パワーポイントをベースに社内で改変や更新しやすいLCMSを利用することでこれを実現している。

　学習の成果については，その50％をチューターやメンターが担っていると考えているが，チューターは学習のチェック係ではなく，モチベーションチューターとしてユーザーの士気を高め，小まめにサポートすることに徹している。

　学習効果の側面として「通学との比較，達成度の比較」，事業効果の側面として「収益：投下資本，収益：工数」を指標にしている。

◀ 4.5　サイズが重いコンテンツと軽いコンテンツ

　学習者の通信環境は千差万別です。光通信を利用した高速インターネットやADSLというブロードバンドから，ISDN・電話モデム回線・PHSといったナローバンドまで，その帯域もさまざまです。ナローバンドの回線でブロードバンド用のコンテンツを閲覧しようとすると，非常にストレスを感じるばかりでなく，うまく再生されない場合もあります。回線状況を知り，コンテンツを使い分けることは重要なことです。ここでは，帯域別のコンテンツの特性について見ていきましょう（表4.3参照）。

　一般にブロードバンドと呼ばれる回線であっても，設置場所の関係などにより公称値の帯域がそのまま確保できるわけではありません。したがってブロードバンドのコンテンツを制作する際には，300 kbps程度を想定しておくのが一般的です。

　また，企業内の回線は，企業によっては低速な場合があります。特に昼休みなどのピーク時にはほとんど帯域が確保できないところもあります。本社/支店によっても回線の状況は異なります。企業内でのコンテンツを検討する際には，その企業の回線の状況・特性を知ることが大切です。

▼▼ 表4.3　帯域別コンテンツの種類

分類	帯域	主なコンテンツの種類
ナローバンド ・電話モデム ・PHS ・低速社内LAN	～64 kbps	・テキストのみ ・画像つきテキスト ・音声の再生 ・アニメーション ・サイズ・画質の低い動画
ブロードバンド ・光回線 ・CATV ・ADSL ・高速社内LAN	300 kbps～	・サイズ・画質の高い動画

4 コンテンツ選択と制作

　学習者がeラーニングで勉強をしていて重たいと感じるのはどういうときでしょうか。画面遷移後1分経ってようやく画面が表示されるようなコンテンツでは重たいと感じることでしょう。重たいと感じさせない画面遷移の所要時間を想定し，その時間内で画面遷移する必要があります。一般には3秒以内での画面遷移が良いとされており，したがって想定帯域の3秒分の容量で教材コンテンツのページを制作すればよいわけです。

　たとえば56 kbpsの回線で最大3秒の画面遷移所要時間を想定した場合，コンテンツの容量は以下のようになります。

$$56\,(\text{kbit/s}) \times 3\,(\text{s}) \div 8\,(\text{bit/byte}) = 21\,(\text{kbyte})$$

　この容量内でページを構成するのがベストですが，この容量を超えるコンテンツを制作する際には，「しばらくお待ちください」などの表記をすることを推奨します。さらにより容量の大きなコンテンツを配信する場合，たとえばファイルのダウンロードや動画のストリーミングを行う場合には，コンテンツ再生開始までの残り秒数やダウンロード進捗率のパーセントを表示することにより，受講者のストレスが軽減されます。また，ダウンロードの負担を軽減させるために，回線をあまり使っていないときに次のページの情報を先読みしておくテクニックもあります。

　ネットワークインフラを取り巻く環境は年々進歩しており，高速回線が安価に提供されてきています。しかしながらすべてのインターネット接続環境がブロードバンド接続されているわけではなく，まだ56 kbps以下のナローバンドも存在します。これらナローバンド利用者のことも考慮し，コンテンツ容量を決定しましょう。ブロードバンド用，ナローバンド用の2種類を用意しておくことも解決策のひとつです。

4.6　コンテンツ開発の費用

　コンテンツ開発を行う上で，どのような費用が必要になるでしょうか。制作やオーサリングのコストのみを考えがちですが，設計などのいわゆるプリプロダクションの作業コストも想定しておかなければなりません。プリプロダ

▼▼ 表4.4　一般的なコンテンツ開発費用の目安

段階	作業項目	概算
プリプロダクション	内容・方針設計	設計者に支払う費用。社内開発の場合，社内の教務担当者が実施する場合もある [30万円～500万円]
	コース内容設計	設計者に支払う費用。社内開発の場合，社内の教務担当者が実施する場合もある [10万円～100万円]
プロダクション	著作物利用	他の著作物を利用する場合に必要 契約を取り交わし，一括契約もしくは販売個数分の利用料を支払うケースがある [例：1,000円/販売個数など]
	原稿執筆	原稿執筆者に支払う費用。プリプロダクションのコース設計を兼任する場合もある 一括契約もしくはページ単価で依頼するケースがある [例：100万円/契約]
	イラスト作成	画面に表示する図表・イラストを作成する [5,000円/枚～30,000円/枚]
	アニメーション作成	FlashやGifアニメーションなどを作成する [1万円/ファイル～10万円/ファイル]
	レコーディング	ナレーションやセリフの音声採録 [スタジオ費用：1万円/時間～5万円/時間] [ナレーター人件費：5,000円/時間～15万円/時間] ※上記以外に技術費等が必要な場合がある
	映像撮影	講演，講義，ドラマ，実験風景などの撮影 [撮影費用：3万円/日～20万円/日] [エンコード：1,000円/分～10,000円/分] ※出演料などが別途かかる
ポストプロダクション	オーサリング	プロダクションによって作成された素材をもとにオーサリングする [3,000円/ページ～10,000円/ページ]

クションの段階のコスト・工数をかけなかったためeラーニングが失敗するケースも多々ありますのでご注意ください。

その他想定される開発項目とその費用について考えてみます。

表4.4に記載した内容はあくまで目安であり，制作物の内容や業者により大きく異なります。また，これは外注化した場合の一般的なコストですので，社内開発を行うと直接コストは発生せず，より安価に制作することができます。昨今のマルチメディア環境は充実してきており，機器も安価になっているため，工夫すれば社内でもeラーニングコースを内製することができます。

たとえば音声のレコーディングでは専用のスタジオを手配するのではなく，会議室など比較的静かな場所にパソコンとマイクを持ち込み録音することも可能です。こうして録音された音声はeラーニングで利用するのであればスタジオレコーディングとさほど遜色のないレベルです。

また，オーサリングツールも近年使い勝手が向上してきており，簡単な操作でeラーニングコースが制作できるツールが出てきており，Microsoft WordやPowerPointなど通常業務で広く利用されている一般的なソフトから教材制作できるものも増えています。そのようなツールを選択すると，社外に委託する必要はなく，工期およびコストを低減できます。また社内制作はコスト削減に役立つばかりでなく，速やかな情報伝達/改訂を行う上でも非常に有効的です。

プリプロダクション，プロダクション，ポストプロダクションそれぞれの作業内容を把握し，予算と勘案し，どの工程を外部に委託するかを検討した上で社内制作を行うとよいでしょう。

◀ 4.7　音声と動画の導入

紙教材を単に電子化しただけではeラーニングとしての学習効果はさほど期待できません。実際のeラーニング教材の多くは音声や動画を取り入れ，より学習しやすい環境を提供しています。ここでは，音声や動画をどのように作成し，どのように用いているかを見ていきましょう。

（1）音声の導入

eラーニングで音声を利用する場合，以下の用途が考えられます。

（a）画面上のテキストを読み上げる
（b）画面上のテキストや図表をナレーションで説明する
（c）画面上に掛け合いのドラマを展開する
（d）語学を学ぶ場合に発音を再生する
（e）効果音を鳴らす

企業内のeラーニングの場合，特に（b）を採用する例が多いようです。（a）では冗長な表現になりすぐに飽きられてしまいますし，（c）ではストーリーを作成する手間などがかかるので，（b）が現実的といえるのでしょう。PowerPointを利用したプレゼンテーションで手馴れた方法であるため制作が容易であるという点も大きいでしょう。

また，音声を再生するだけでなく，音声に合わせてアニメーション効果を入力するツールも出回っており，これらツールと音声とを併用すると音声とアニメーションの相乗効果が得られる教材を制作することもできます。

音声付きのコースを制作する場合，どのような点に気をつければよいのでしょうか。以下にポイントをまとめてみました。

- だらだらと音声を再生しない。人の集中力はそれほど継続しません。よほどの理由がない限り1音声1分以内，長くても3分程度にまとめるのが賢明でしょう。
- 上手に話そうとしなくてもかまいません。つい「えーと…」などの言葉が入ってしまうようでも，社内で流通させる場合には学習効果に与える影響は少ないです。
- 音声採録の際に，本格的なレコーディングを使用しなくてもかまいません。静かな会議室でマイクとパソコンがあればeラーニングのコースで使用できる程度のクオリティの音声は採録できます。
- 音声が再生できない環境の方のために，音声なしでも学習できる環境を用意しましょう。たとえばナレーションのセリフ文章を表示する機能などが有効です。

音声つきのコースを制作する際には上記のポイントに気をつけて制作して

ください。

（2） 動画の導入

近年ブロードバンド化が進み，教材の中に動画を利用するシーンが増えております。eラーニングの動画の利用には主に以下のような用途が考えられます。

（a） 講師が教室や講義会場で説明している内容をそのまま配信
（b） eラーニング専用に講師に講義をしてもらいその内容を配信
（c） 参考資料を撮影し配信
（d） ソフトウェア操作の様子を撮影（モーションキャプチャー）し配信
（e） 機械装置などの動作や実験風景を撮影し配信

（a）や（b）の場合，映像そのものには教育的な意味はなく，講師の表情や身振り手振りといった感性情報を伝達する目的で利用します。

動画を配信するにあたり，動画配信固有の技術的な部分を調整して決定する必要があります。主に以下のような項目を決める必要があります。

- フォーマット………Mpeg 1/2/3/4，RealVideoなどのフォーマットの決定
- ビットレート………帯域幅の決定。複数のビットレートをもつことも可能
- 動画表示サイズ……動画表示領域サイズの決定
- フレーム数…………1秒間に何コマの絵を再生するかの決定
- 音声…………………ステレオ/モノラル，ビットレートなどの決定
- 配信プロトコル……hhtp/rs/mmsなどのプロトコル・ポートの決定

動きをなめらかに再現したい，動画の細かい文字まで見えるようにしたい，大画面で表示したいなど，動画へのニーズはさまざまありますので，素材の特性を考慮しこれらの項目を決定してください。

（3） 環境について

音声や動画を再生する場合，まずは設備的環境を用意する必要があります。必要な回線帯域を確保し，音声・動画が再生できるハードウェアスペックを満たし，かつ動画・音声再生ソフトウェアを整備する必要があります。Windows Media PlayerやRealPlayerといったソフトウェアを利用するケースが多いようです。

特に動画のストリーミング配信の場合，ファイアウォールの設定により動

画のプロトコルが通らず，ファイアウォール内から動画再生ができない場合があるので，事前に確認を行ってください。

設備的環境のみならず，学習しやすい環境を構築することも大切です。特に社内で学習する際に，音声や動画を自席のパソコンのスピーカーで再生することは周りの人の業務に支障をきたす恐れがあり現実的ではありません。そのためヘッドフォンを用意したり，自席ではない別の場所で学習を行うケースもあります。

4.8 コンテンツ制作手順

eラーニングコース制作には，設計から素材作成，オーサリングまで，多くの作業が必要になります。以下，コース制作に必要な代表的な作業項目について見ていきましょう（表4.5参照）。

eラーニングコース制作の際の一番重要なポイントは，作成そのものではなく，その前段階の設計にあります。特に原稿執筆者が複数人存在する場合，不注意に作業を開始すると，執筆者により教材の密度・難易度・表現などがまばらになりがちです。初期の設計を念入りに実施することが肝要です。プリプロダクションには多くの工数を割くよう調整してください。

近年のオーサリングツールの進化に伴い，従来専門スキルが必要だった制作が，容易に行えるようになってきました。これにより従来は切り分けられていた作業がシームレスになり，原稿執筆者・制作者・オーサリング作業者を同一の人が行え，正確な表現を安価に実現することが可能になっています。

その代表的な手法がPowerPointの活用です。もとの原稿をPowerPointで作成しておき，オーサリングツールでPowerPointの文字・図表情報やPowerPointアニメーションを取り込み，PowerPointの機能を生かしてコースを作成する方法です。eラーニング教材としての効果を高めるために，音声/動画の追加はもちろん，アニメーションや書き込みなどを簡単に行えるツールもあります。

eラーニングに対する教育ニーズが一般的な教育から企業独自の教育に主眼が置かれるようになり，かつ簡単に社内でeラーニングコースを作成できる手

表4.5 eラーニングコース作成に必要な作業一覧

段階	作業項目	作業概要
プリプロダクション	内容・方針設計	学習対象者,難易度,学習目的を明確にし,コースの概要,教材の表現方法,制作方法を決定
	コース内容設計	章の目次と各章の概要を設計
	サンプル作成・検証	テンプレートを作成し実際のコンテンツに近い形で数ページのサンプルを作成 サンプルを検証し,先に定めた設計にフィードバック
プロダクション	原稿執筆	コースの原稿・絵コンテ等の作成
	イラスト作成	画面に表示する図表・イラストの作成
	アニメーション作成	FlashやGifアニメーションなどの作成
	レコーディング	ナレーションやセリフの音声採録
	映像撮影	講演,講義,ドラマ,実機稼働状況などの撮影
ポストプロダクション	オーサリング	プロダクションによって作成された素材をもとにオーサリング この際,オーサリングツールを利用
検証	コンテンツ検証	作成したコンテンツを検証し,当初定めた内容・方針に沿っているか検証。必要に応じ,実際の受講者相当のグループでテストランを行う
カットオーバー		システムに搭載し,本稼働開始

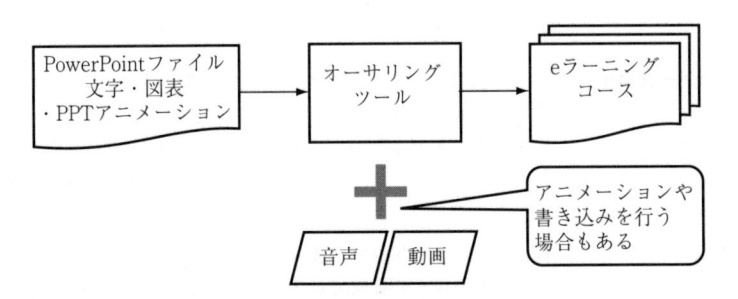

▶ 図4.1 PowerPointを活用したオーサリング例

法が確立されることによって，これまで以上に社内で独自コースを作成するケースが増えてくるものと考えられます。

4.9　コンテンツ制作のアウトソーシング

自社でコンテンツを制作するには，さまざまな人員が必要となりますがこれらの人員を自社内ですべてまかなうことができないこともあります。このような場合は，コンテンツ制作をアウトソーシングします。

▼表4.6　コンテンツ制作に必要な人員とアウトソーシングの可否

役割	概要	アウトソーシングの可否
監修者	コンテンツの内容について設計/監修を行う	不可 コンテンツ制作の責任者として自社の人員が責任をもって実施
ID (Instructional Designer)	インストラクショナルデザインを行う	可能 実務経験のあるIDが望ましい
原稿執筆者	教務内容を理解している人が原稿を執筆する	不可 自社コンテンツのため自社の人員が責任をもって実施
制作者	コンテンツの作り込みを行うオーサリングツールの利用のみならず，音声/動画採録を行う場合もある	可能 特に音声/動画を活用したコンテンツの場合，専用機材が必要
ナレーター/出演者	音声を利用する場合はナレーター，動画の場合にはビデオに出演する人が必要	可能 アウトソーシングの場合でも，音声/動画の採録には自社の人員による立会いが必要
テスター	作成したコンテンツでテストランを行う場合の被験者が必要な場合がある	不可 自社の人員が望ましい

アウトソーシングする際のポイントは，自社の人員とアウトソーシング先との役割分担にあります。アウトソーシング先には作業を外注し，自社内では原稿作成や監修，プロジェクト管理を中心に行うような人員を配置することで，円滑なコンテンツ制作のアウトソーシングが実現できます。

コンテンツ制作に必要な人員の一覧から，アウトソーシング先との役割分担とアウトソーシング方法を考えてみます（表4.6参照）。

自社の人員とアウトソーシング先との役割分担が決まったら，アウトソーシング先を決定します。アウトソーシング先は，eLCの「eLC製品検索サイト」（図4.2参照）の「コンテンツ受託開発」に登録している企業がありますので，ここから検索するとよいでしょう。また，表4.6にあるように，コンテンツ制作にはさまざまな人員が必要ですのでこれらの人員をそろえたアウトソーシング先を選択することで，品質や効率も良くなります。

コンテンツ制作のアウトソーシングの成否は，自社の人員によるマネジメントが左右しますので，アウトソーシング先へ任せきりにならないように責

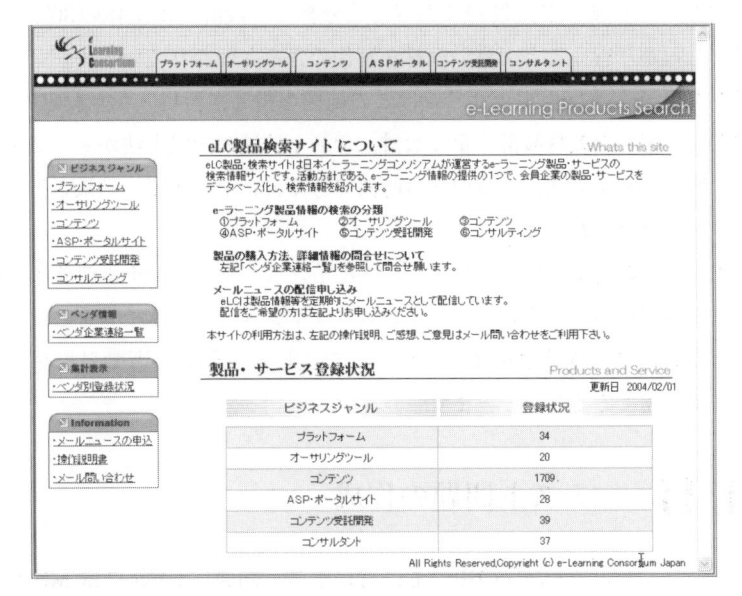

▶ 図4.2　eLC製品検索サイト　http://www.elc.or.jp/より入る

任をもってプロジェクトを進行できる人材を監修者に選任し，アウトソーシング先との共同作業を成功させるだけでなく，コンテンツの修正や更新など納品後の運用を円滑に実施できる体制と人員の配置が最大のポイントです。

4.10　インストラクショナルデザイン

インストラクショナルデザインは，学習効果を上げる教材を制作するための分析・設計作業を指し，eラーニングコース制作するにあたって重要な位置を占めます。

インストラクショナルデザインという言葉に含まれる要素には，組織に求められるスキルの分析や，ここからの研修内容の抽出なども含まれていますが，eラーニングにおけるインストラクショナルデザインは，従来の研修をeラーニング化する際の分析・設計に主眼が置かれていることが多く見受けられます。

コースの制作は，「分析」→「設計」→「開発」→「実施」→「評価」という道順をたどりますが，最初にあげた「分析」・「設計」が全体の30%を占めるほどしっかり行うことで良い教材が制作できるといわれています。

インストラクショナルデザインはこの範囲を指し，習得スキル設定の方法，学習者層に応じた教材設計，単元設計，テスト問題の配置方法から，文字のサイズ，音声の利用方法，一日の学習時間の考え方に至るまで，効果を上げるためのコース設計を行います。

表4.7に一般的なeラーニングにおけるインストラクショナルデザインの流れと作業内容を示します。これらインストラクショナルデザインをしっかり行うことで初めて，受講者のモチベーション維持が可能で学習効果が高いコンテンツを作成することができます。

4.11　テスト問題の作成

eラーニングコンテンツの中でも，特にテスト問題はLMSやLCMSと密接に関連しますので，システムの特徴を理解した上で作成しなければなりません。

▼▼ 表4.7 インストラクショナルデザインの流れと作業内容

項　目	内　容
分　析	現在の講座体系，授業内容，紙教材，到達目標を把握し，制作するeラーニング研修の選定，eラーニング化のポイントを検討する
コース構造設計	1つの教科について，学習目標，学習対象，学習時間などの指針を決め，これに基づき単元割，テスト配置構造などを設定する。また教材内の表現手法の選定や動作環境の定義も行う 例： ・最小の学習単位を15分～20分とする ・受講形式ではなく，自学自習形式とする ・つまずいたときの対処として難解ポイントへ解説を配置する，など
コース制作方針設計	制作前の段階で，コンテンツ内のレイアウト指針（文字，図表配置），ページ割りの指針，セリフ設定指針，既存素材の利用指針などの具体的な教材制作における指針を決定する 例： ・文字の大きさはタイトル20Pt，説明文12Pt ・アニメーションは左上から，右下にZ型で流す ・セリフはできるだけ指示代名詞を使う，など
プロトタイピング	ここまでの設計指針に従い，実際のコースの一部を制作することで，設計指針の評価を実施する
テンプレートデザイン	ティーチ，テスト，解説などのコンテンツの分類ごとに，コースの周辺のデザインを含めたテンプレートを作成する。また実際の制作で必要なHTML記述方法などの制作ルールも決定する

　作成には，LMSやLCMSのテスト問題作成機能や専用のオーサリングツールなどを利用しますが，それぞれのシステムやツールによって出題形式や回答形式，解説の表示方法などが異なりますので，自社のテストに最適なツールを選択しましょう。図4.3にテスト問題作成画面の一例をあげます。

　多くの企業で採用しているテスト問題の出題形式は，たくさんのテスト問

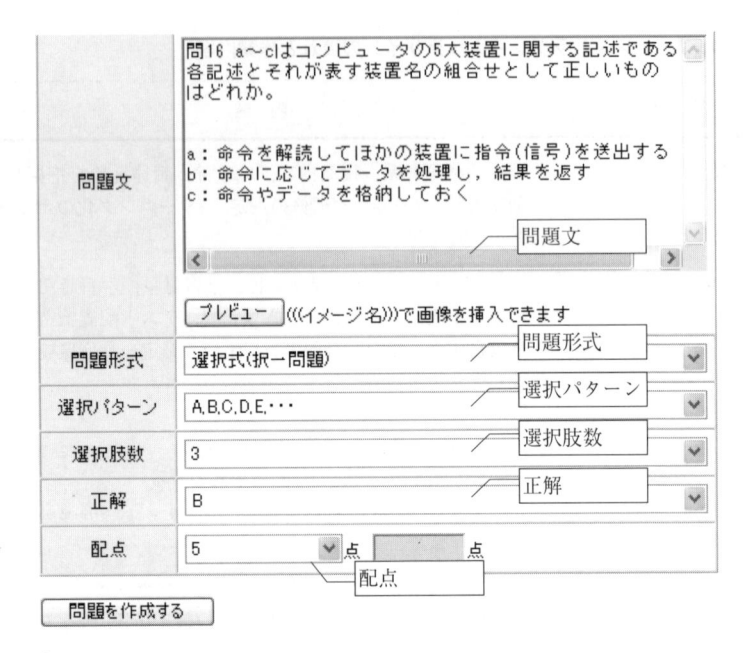

▶▶ 図4.3 テスト問題作成画面の例

題をデータベースへプールして，ランダムに出題する形式です。この形式は，初期のテスト問題作成時に時間がかかりますが，同一のテスト問題を出題する確率が低いため，模擬試験の繰り返し受験や正答の流出が発生しにくい点でメリットがあります。

　受講者にとっては，試験結果も重要な要素ですので試験結果に対する総評と分野ごとの評価コメントやレーダーチャートなどを活用した分かりやすい評価を表示できることもテスト問題の作成時に考慮します。図4.4はテスト結果画面の一例です。

　テスト問題の出題者は，得点による学習者の評価だけでなく分野別，グループ別，職位別などカテゴリー別に正答率や修了率を把握することができなくてはなりません。これらの傾向を分析することで自社の弱点分野を把握し，研修計画の見直しや社員のスキルマップを作成するなど戦略的な教育プログラムの策定に役立てることができます。

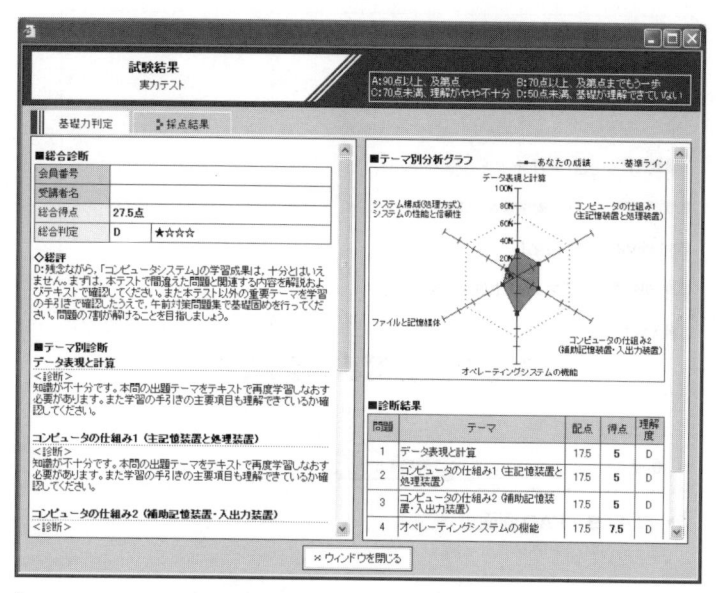

▶ 図4.4 テスト結果画面の例

　また，各テスト問題の出題回数や正答率などから出題や回答選択肢の適切さを分析することで，ランダム出題時の問題が学習者ごとに偏りが出ないように考慮しなければなりません。

4.12　FAQの作成

　eラーニングでは学習教材やテスト問題と並んで，FAQも重要なコンテンツのひとつです。学習者のモチベーション維持のためには，学習内容や学習方法などの疑問をすばやく解決することが有効ですが，応対者は学習者に24時間の対応はできませんのでFAQを有効に活用することが必要になります。

　FAQの作成は，質問のカテゴリーによって担当者が分かれます。学習内容や学習方法についてのFAQは，対象コースの教務内容を十分理解した講師が担当します。また，操作方法やその他の質問についてのFAQは，サポート窓口の担当者が作成するとよいでしょう。FAQ作成時の注意点は，公開前の内

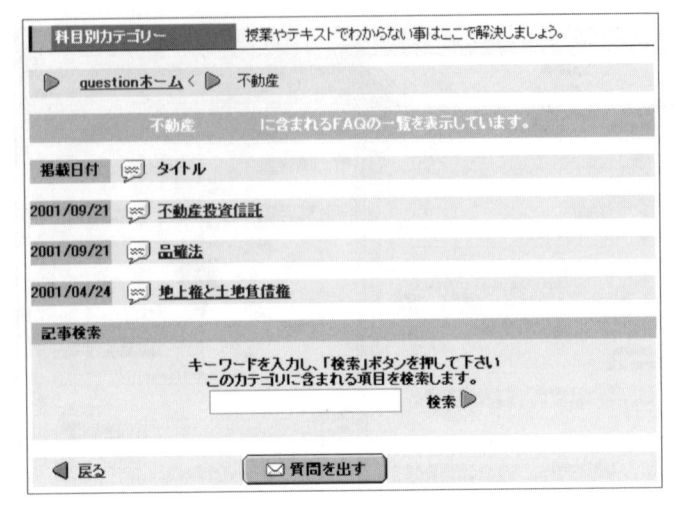

▶▶ 図 4.5 FAQ画面の例

容確認です。各FAQ作成担当者の表現方法を統一したり，誤った表現や不適切な表現を事前に確認することで，FAQ利用者の誤解を招かないように注意してください（図4.5参照）。

　FAQの作成について，もうひとつの大事な要素は情報の更新です。質問の回答情報が古くては，誤った情報を提供することになりますのでFAQ管理者は，実勢や法令の改正などに注意して日々，情報の更新を続けることが重要です。このように，登録⇒利用⇒確認⇒更新のサイクルを繰り返すことで，受講者に喜ばれるFAQが作成できます。

◀ 4.13　コースの更新

　eラーニングのコースは，定期的な更新が必要です。陳腐化したコースでは，学習者の学習意欲がわかないだけでなく実勢や法令などとの差異が生じてしまい，学習目的を達成できないことにもなりかねません。

　コースの更新は，章・単元の追加や並べ替え，削除などそれぞれのコースに合った方法とタイミングで実施しましょう（表4.8参照）。

4 コンテンツ選択と制作

▼▼ 表4.8 コースの更新方法の例

更新方法	概要
章・単元の追加	学習内容の充実や継続学習者への最新情報の提供など，最新コンテンツを追加することでコースの更新を実施する
章・単元の並べ替え	履修傾向やテスト結果などを分析し，学習効果の高い章立てに組み替える
章・単元の削除	実勢に合わない章や不適切な単元を削除し，学習者へ適切なコンテンツを提供する

　コース更新の際は事前に，LMS，LCMS機能の理解や学習履歴の取り扱いルールを取り決めておく必要があります。学習途中でコースが更新されてしまうと，学習履歴の不整合や学習ボリュームが変化してしまいますので，更新のタイミングは重要です。

◀ 4.14　学習者に喜ばれるコンテンツと敬遠されるコンテンツ

　学習者に喜ばれるコンテンツとは，学習を継続できる，スキルアップできる，分かりやすいコンテンツで，仕事に活用できるコンテンツです。
　たとえば，学習前にアセスメントテストを実施し，自分の弱点を重点的に学習するコンテンツも喜ばれます。画一的なコースでは，学習者によってはすでに保有している知識も学習しなければならないため，モチベーションを低下させてしまいます。このような場合，弱点のみが克服できるコースを個人ごとに提供すれば，効率的に学習することができるようになり，履修率も向上します。
　また，eラーニングの特徴であるいつでも学習できるコンテンツでなくては学習者に喜ばれません。企業内の学習者は，日々の業務の合間に学習するため，eラーニングのために1時間も2時間も業務を中断することはできないものです。学習効果を損なうことなく空き時間（たとえば15分から30分程度）で1

8:00	出社 始業前に15分学習する	⎫
9:00		
10:00		
11:00		
12:00	昼食 昼休み中に15分学習する	⎬ 合計1時間分の学習ができる
13:00		
14:00		
15:00		
16:00		
17:00		
18:00	退社 帰宅前に30分学習する	⎭

▶▶ 図4.6　1日の学習時間

セットの学習が完了するコンテンツであれば，忙しいビジネスマンにも喜ばれるコンテンツとなるでしょう．図4.6は学習時間の一例です．

　以上は，コンテンツの構造やコース設計から見た，喜ばれるコンテンツですが，見栄え（デザインや操作性など）も喜ばれるコンテンツには重要です．同じコンテンツでも，文字ばかりの表現方法と音声やアニメーションを使った表現方法では，後者のコンテンツのほうが喜ばれます．ただし，音声やアニメーションを使ったコンテンツでも1時間から2時間パソコンの画面を見続けるようなコンテンツでは，敬遠されてしまいますので1セット15分程度にまとめられたコンテンツに構成するとよいでしょう．

コラム　LMSを変更してもコンテンツは使えますか

　最近は，SCORM準拠のコンテンツが普及し始めてきたため，比較的LMSの変更がしやすくなってきました。しかし，各社のLMSによってコンテンツの表示方法やコース情報のもち方，学習履歴の取り方などが異なるため，LMS変更の際は変更前後の各LMSベンダーと十分に協議する必要があります。コンテンツやLMSによっては各社独自の拡張機能を提供しているものも多いため，これらによってはコンテンツとLMSの互換性が十分ではない場合もありますので注意が必要です。

　また，コンテンツの利用契約による制限も確認する必要があります。LMSを変更することによってこれまでの利用契約を変更や利用者数の制約があるなど，コンテンツベンダーとの協議も欠かせません。

継続利用が容易な場合

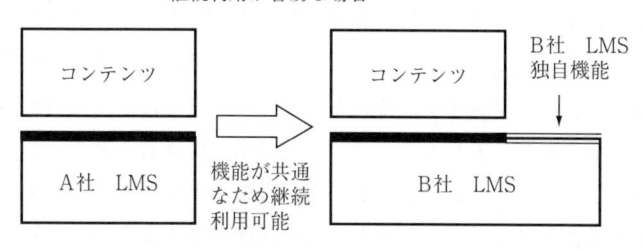

コンテンツ		コンテンツ	B社 LMS 独自機能
A社 LMS	機能が共通なため継続利用可能	B社 LMS	

継続利用時にカスタマイズが必要な場合

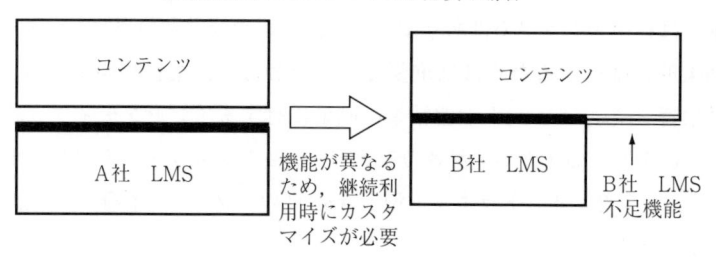

コンテンツ		コンテンツ	
A社 LMS	機能が異なるため，継続利用時にカスタマイズが必要	B社 LMS	B社 LMS 不足機能

5 運用管理

5.1 運用体制と人員

　eラーニングを効果的に運用するためには，さまざまなスタッフが必要です。eラーニング全体の統括責任者のもとにLMSの運用管理者である学習管理者やeラーニング用サーバー等インフラ運用のシステム管理者を配置します。また，操作方法やパスワード紛失など学習者からのトラブル受付窓口としてヘルプデスクを設置している企業もありますが，学習者数が少なければ学習管理者やシステム管理者が兼任することも可能です。そのほかに学習内容に関する質問の回答者や進捗の芳しくない学習者への学習促進者などの学習支援スタッフも欠かせません。これには，社員OB/OGの活用やコールセンターなど外部に学習支援業務をアウトソーシングしている例もありますので，社外スタッフの活用も検討しましょう。

　正確には運用スタッフではありませんが，上司や経営者の理解もeラーニングを効果的に推進するためには重要です。たとえば，業務時間中でのeラーニング学習を奨励したり，学習結果や成果に対するインセンティブ（認定や昇給，昇進など）の提供で学習者のモチベーションアップを引き出します。

　表5.1，表5.2にイントラネット型とASP型のスタッフの種類，人数，役割の例を示します。

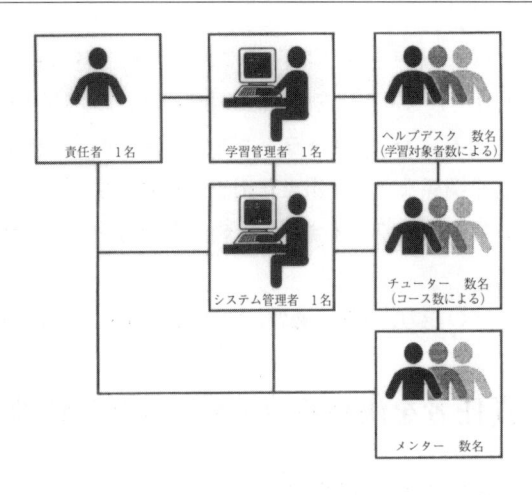

5 運用管理

▼▼ 表5.1 eラーニング運用スタッフ例（イントラネット型）

スタッフ	人　数	役　割
統括責任者	1名	全体統括者として社内組織に働きかけてeラーニングを推進する
学習管理者	1名	LMSの管理者。コンテンツ登録，コース設定，利用者登録などLMSの運用を行う
システム管理者	1名	eラーニングインフラの管理者
ヘルプデスク	数名 （学習対象者数による）	学習者のトラブル対応窓口。学習者数が少ない場合は，学習管理者またはシステム管理者による兼任も可能
チューター	数名 （コース数による）	学習内容の質問対応の担当者。外部の専門家へアウトソーシングすることも可能
メンター	数名	メンタリングの担当者。外部の専門家へアウトソーシングすることも可能

▼ 表5.2 eラーニング運用スタッフ例（ASP型）

スタッフ	人数	役割
統括責任者	1名	全体の統括者として社内組織に働きかけてeラーニングを推進する。また，ASPサービス会社との対応責任者である
ヘルプデスク	数名 （学習対象者数による）	学習者のトラブル対応窓口として，ASPサービス会社と連携してトラブルの解決にあたる。また，社内のeラーニング推進方針や社内ルールの確認などの問い合わせに応じる

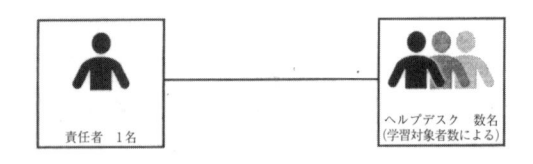

責任者 1名 ─── ヘルプデスク 数名（学習対象者数による）

　ASP型のチューターやメンターは，通常ASPサービス会社が用意していますが，科目や推進目的により，社内で対応しなければならない場合もあります。また，イントラネット，ASPともeラーニング推進に伴う社内部門との連絡業務や登録事務，請求関係などの事務業務担当が必要です。集合教育における事務業務担当がいれば，兼務できますが，その業務内容は集合研修とかなり違ってくるでしょう。
　また，各スタッフの能力，知識，適性，調達先について，表5.3に示します。

◀5.2　責任者を決める（eラーニング管理者）

　eラーニングを最初に導入する際におけるeラーニングの統括責任者の役割は非常に重要です。
　責任者は主に以下のことを中心となって推進します。
① トップへの働きかけで導入を決定する。
② 導入プロジェクトをリードして計画と実施を進める。

▼▼ 表5.3 eラーニング運用スタッフの能力，知識，適性，調達先

スタッフ	能力	知識	適性	調達先
統括責任者	・管理能力 ・折衝能力 ・プロジェクトマネージメント能力	・予算 ・法規 ・社内制度	戦略的な観点でタイムリーに決断できる。また，トップや外部会社への提案や折衝ができる	社内の人事または教育部門
学習管理者	・システム構築/管理能力 ・eラーニングシステム管理/運用能力	・IT全般 ・LMS	LMSやeラーニングに関する知識が豊富	社内のシステム部門またはアウトソーシング
システム管理者	・システム構築/管理能力 ・ネットワーク構築/管理能力	・IT全般 ・ネットワーク	システムに詳しく的確に行動できる	社内システム部門
ヘルプデスク	・対人調整能力 ・コミュニケーション能力	・IT全般 ・社内ルール	対人能力に優れ，誠実な対応ができる	社内システム部門か教育部門
チューター	・コミュニケーション能力 ・インストラクション能力	・コースごとの専門知識	インストラクション能力がある	社内教育部門かベンダー
メンター	・コミュニケーション能力 ・カウンセリング能力	・教育全般 ・各種試験情報や最新業界動向	キャリアアドバイスや部下育成に優れている	社内教育部門かベンダー，またはアウトソーシング

③ 進行過程での意思決定を行う。
④ 社内組織に広報し，協力をとりつける。

まず，責任者は，会社の経営戦略，人事戦略からどのような人材が社内で

必要とされるのか，人材育成のためにはどのような教育が必要か，を明確にする必要があります。その上で，教育カリキュラムのどの部分にeラーニングを適用するかを決定し，導入計画を作成します。次に，企業トップや役員にeラーニング計画をプレゼンテーションして，導入への支持をとりつけます。その上で，情報システム部門等の関係組織からスタッフを招き，導入プロジェクトを立ち上げ，導入計画を具体化します。社内でeラーニングを認知してもらうために，社内の各職場の責任者や人材育成担当者への説明を行います。社内で人材育成を推進している委員会があれば，委員会の会議で説明するのもよいでしょう。

また，eラーニングを実施するために必要なサーバーやネットワークの確保のため，社内のシステム部門などとの折衝が必要です。さらに，職場での学習を可能にするために会社の就労ルールの確認や変更のために勤労部や総務部との折衝も必要になるでしょう。

運用当初は，導入前には想定できなかった運用方法や課題が発見されることもあります。運用体制の見直しやシステム，コンテンツのカスタマイズなどeラーニングを効果的に運用するための意思決定も重要な要素になり，eラーニング責任者の役割となります。eラーニングの導入は，いわば教育のパラダイムシフトですから，統括責任者は新規事業を立ち上げるような意識で，これまでのルールを変更したり，他部門の協力をとりつけるなど，強いリーダーシップを発揮することが求められます。

学習管理者はイントラネット型eラーニング導入の際に必要です。自社のサーバーにLMSをインストールし学習環境を構築するための計画や工程管理を行います。学習開始時期までにすべての学習者が必要なコースを学習できるようにプロジェクト管理を行います。必要に応じてLMSベンダーとの役割分担や責任分担を決めます。LMSのカスタマイズをベンダーに委託する場合はカスタマイズ仕様を作成しベンダーに提示します。

システム管理者は社内のシステムを管理します。通常，eラーニングシステムだけでなく社内全体のシステムを管理しているケースが多いようです。システム障害があったときの復旧対策やセキュリティ対策の検討など社内全体のルールや制度を決めます。また，学習がスムーズに進んでいるかなど学習者の

5 運用管理

▼ 表5.4 管理者と役割

管理者	役割
統括責任者	eラーニング運用全体の統括責任者。経営者と直接議論できる立場にあり，自社のeラーニングに関するすべてを把握していることが望ましい。 具体的な役割としては，以下のとおり。 ・eラーニングの企画，立案 ・予算管理 ・eラーニング導入，運用推進の意思決定 ・他組織への働きかけ，など
学習管理者	学習者の登録からコース設定，コース管理などeラーニングを提供する実務担当者。LMSのカスタマイズを要求するなど，使いやすい学習環境を提供します。自社のeラーニングの仕組みを把握していることが望ましい。 具体的な役割としては，以下のとおり。 ・LMSインストール ・LMSへの学習者，コース情報登録/修正 ・LMSの保守 ・LMSベンダーとの調整 ・LMSカスタマイズ要件検討，実施，など
システム管理者	サーバー，ネットワークなどeラーニングのインフラを提供する実務担当者。通常，自社のインフラ環境を把握している人であり，eラーニングシステムも見てもらうことになる。 具体的な役割としては，以下のとおり。 ・サーバー環境設定，保守 ・ネットワーク環境構築，保守 ・セキュリティ対策推進，など

アクセス状況を確認します。

各管理者の種類と役割を表5.4に示します。

◀ 5.3　トップの力の活用

eラーニングの導入，推進において，トップの役割はきわめて重要です。

eラーニング導入においては，トップの理解とサポートの有無がその成功に

大きな影響を与えます。トップから各部門長にeラーニングの推進を指示することで社内の調整がスムーズにいきます。また，ある企業では，社内の人材育成委員会の推進責任者をトップにすることで，全社一斉にeラーニングの導入を実現できました。これは，トップがeラーニングの必要性や人材育成の重要性を理解し，社内の人材育成方法として従来型の集合教育でなく，eラーニングを利用することを意思決定したからこそ実現できたことです。

映像を使ったコンテンツにより，社長の訓示を流すこともできます。これは，トップ自らコンテンツの中で社員に教育の必要性を話すことで，トップの姿勢を示し教育の目的や重要性を学習者に理解してもらう効果があります。

これまでのやり方を変え，新しい手法を導入するときには，社内からの少なからぬ抵抗が避けられません。トップがその変革を支持する意向を表明し，推進に手を貸すか，そうでないかは，成功に大きな影響を与えます。あらゆる場面でトップの力を引き出すことに留意して進めることが必要です。

5.4 現場のマネジャーのサポート

学習者のeラーニングに対する姿勢や意欲には上司（マネジャー）の態度が大きく影響します。マネジャーは学習者に対し具体的に以下のことをサポートします。

（1）学習者への動機づけ

学習者に対し業務上の必要性，能力向上の必要性等，学習する意義やメリットを説明し納得させます。これにより，学習者はなぜ自分が学習するのかの意義を理解し，自ら学習することに意欲を出すでしょう。

（2）学習時間の確保

就労時間中でも学習できるように配慮します。たとえば，学習者に学習する時間を申告させ，この間は仕事を依頼しないようにしたり，マネジャーから学習者に対し「就労時間中でも学習してもいいよ」との言葉をかけることが効果的です。

（3）学習者へのフォロー

学習者が業務で学習ができなくなったときは，学習者の業務スケジュール

を調整しながら，期間内に学習が完了するように支援します。また，LMSの学習履歴情報を見ることで学習者の弱点領域が把握できるときは，学習者と面接などを通して今後の学習目標や受講スケジュールを学習者とともに考えていくとよいでしょう。

マネジャーに学習のサポートを意識づけるためにはどのようにすればよいでしょうか。

以下に具体的な方策をあげます。

（1） マネジャー自身のeラーニング利用を先行させる

マネジャー自らeラーニングを利用することで，その重要性やメリットを認識してもらう効果があります。

（2） マネジャーを集めて方針ややり方を徹底させる

部門長やトップがマネジャーに直接説明することにより，会社の方針であることを理解してもらいます。

（3） 組織ごとの受講率をフィードバックする

各組織の学習者の受講率や修了率をマネジャーにフィードバックすることで部下の学習への取り組み状況を理解してもらいます。

（4） 部下の能力向上をマネジャーの業績成果や人事考課に反映する

部下の育成はマネジャーの責任です。部下育成への取り組み，部下の資格取得状況，部下の成長度，などの部下育成力をマネジャーの考課に反映することでマネジャーの動機づけを促進します。

5.5　学習する職場の環境づくり

職場環境において考慮すべき要素は，eラーニングを利用する物理的な環境と職場風土の2つです。

まず，eラーニングを利用する物理的な環境ですが，就労時間中でも自宅でもスムーズにアクセスできることが重要です。具体的には，職場や自宅のパソコン環境とネットワーク環境がeラーニングで学習をするための推奨スペックを満たしているかを確認します。パソコン環境では，eラーニングを利用でき

るオペレーティングシステム，ブラウザの種類・バージョン，およびマシンスペックを調べる必要があります。ネットワーク環境では，回線スピードを確認しましょう。また，学習時間帯によっては学習者からのアクセスが集中しレスポンスが遅くなることがありますので，学習時間帯をずらすなどの対策も必要です。

イントラネット型でeラーニングを構築した場合，一般的には，セキュリティの関係で社外からのアクセスが認められないため，自宅から学習することができません。また，ASP型で環境を構築した場合，職場によってはセキュリティの関係でストリーミング画像やJavaの利用を制限しているケースもあり，利用できるコンテンツの制限を受けることもありますので注意が必要です。

次に，職場風土の問題ですが，eラーニングの学習効果を上げるには，就労時間中にも邪魔されずに学習できること，および学習が重視され奨励される風土があることが重要です。職場風土を改善するには，職場の管理者の役割が重要です。eラーニングの定着が図れるようにするためには，社員が自発的に学ぶ文化が必要ですが，特に，上司の態度は部下への影響が大きく，上司がeラーニングの普及を阻害するような発言をすれば，部下の学習意欲を阻害してしまいます。

eラーニングを普及させるにはマネジメントを通じた職場文化の改革がきわめて重要な戦術になります。そのためには，自社の企業戦略において必要な人材，課題を明らかにし，eラーニングで達成すべき目標を決めることが重要です。さらに人事制度と教育制度を連携させることで，eラーニングでの学習から得られた成果の人事考課への反映が図れ，学習者への動機づけやインセンティブを与えることができます。

eラーニングが職場で自由にできるためには，職場内のメンバー間の配慮も重要です。たとえば，eラーニングは自席でいつでも学習できるというメリットがありますが，就業時間中では，電話や上司の指示等で割り込みがあり，学習の中断が発生します。就業時間中に学習するときは，学習も業務のひとつであるということを管理者が率先して理解するとともに，この認識を職場のメンバー全体で共有し，できるだけ学習者への割り込みを少なくする配慮が必要でしょう。一方，学習者側でも，音声が出るコンテンツを学習する場合はイヤ

ホンを使うなどの周りのメンバーへの配慮が必要です。

　LMSの機能もeラーニングを効果的，効率的に利用する上で重要な要素です。たとえば，eラーニングでは，集合教育と違って，いつでも学習できるという特性から，1日当たり1時間以内の学習で長期間にわたり学習を続けるケースが多いようです。このことより，eラーニングでは，就業時間中の空いている時間に少しずつ学習をしていくスタイルになると考えられます。したがって，前回に終了したところから始められるような機能になっているかを確認する必要があります。テスト実施中に中断した場合，翌日は最初からテストを実施しなくてはならないこともありますので注意が必要です。

　また，学習につまずいた人へのフォローのため，メンターやチューターのサポートを用意することも，より良い学習環境を構築する上で重要です。自宅で学習できる環境があれば，学習に集中する時間を生み出すのに好都合です。その場合，帰宅後や休日に学習することになりますが，eラーニングが24時間利用できるか，ヘルプデスクサービスが受けられるか，自宅のパソコン環境は整っているか，ネットワーク環境は十分か，eラーニングの動作環境に合致しているか，などの確認が必要です。

　もし，ヘルプデスクサービスの時間帯が9：00～17：00である場合であっても，メールで質問は出せるケースがあります。この場合，22：00に質問メールを出したときには，翌日の9：00にヘルプデスクがオープンした時点で回答が返ってくることになります。ヘルプデスクはeメールだけでなく電話やFAXでも受け付けていることもあります。自宅で学習するときは周りに質問できる人がいないので，ヘルプデスクサービスを有効に活用することが学習効果を高めるポイントになります。

◀5.6　メンターとチューターの設置

　eラーニングは，「時間や場所にとらわれずに学習ができる」メリットがある反面，「学習意欲が継続できない」「いつでもできると思うから，つい後回しにしてしまう」弱点があります。そのため，学習意欲を持続させるメンターのサポート，学習内容に関する疑問や悩みを解決するチューターのサポートが必

要になります。チューターやメンターが的確にサポートすることにより，90%以上のコース修了率を確保している企業が多く存在します。

　チューターやメンターは，主に，学習者への添削指導，質疑応答，学習修了のための学習促進などを行います。チューターやメンターの役割は，各社独自で決めている点もありますが，一般的には，チューターは学習内容に対する質問の回答や指導をする人になります。したがって，チューターには学習内容の知識やノウハウをもち，学習者のレベルに応じて適切な回答ができる能力が必要です。通常，インストラクター，ある領域の専門家，またはベストプラクティスを有している人が対応するケースが多いようです。チューターの確保は，社内でこのような人材を探すか，または外部会社にアウトソーシングします。

　メンターは学習者の学習動機づけやキャリアパスを支援する人です。メンターは学習領域に関する知識や経験が豊富で，かつコミュニケーション能力が優れている人が適任であり，学習者の管理者が対応することもありますが，社内で適任者がいない場合は，専門家をアウトソーシングします。メンターは，社内でコンピテンシー評価が行われているのであれば，社員のコンピテンシーのアセスメントにより，学習者に不足しているスキルや知識を指摘し，社員のやる気や学習の方向性を気づかせます。

　また，ベンダーが提供するコンテンツには，チューターやメンターのサービスがついているものもあります。具体的にどのようなサービスを行うのかをベンダーに確認しましょう。

　メンターやチューターの運営方法については，以下の方法があります。
① LMSの中の質問/回答機能を利用する場合
② LMSとは別に電子メールでやり取りする場合

　①の場合では，学習者がLMSの中の質問画面でコース内容に関する質問を入力することで該当するチューターに自動的に質問内容が転送されます。チューターは回答画面で質問の回答を入力し学習者に返送することが可能です。LMSによっては学習者がLMSにログインした際，学習画面に質問の回答があることを知らせる機能があり，学習者は自分が出した質問への回答があることを知ることができます。

②の場合では，たとえば学習ポータルの中に質問転送先のメールアドレスを提示し，そこに質問内容を送る方法があります。この場合は，どのコースの質問であるのか，ということの提示が必要ですが，コースごとにチューターが異なるときは質問送付先をコース内容によって分けておくと運用の効率化が図れます。

5.7 学習ポータルの設置

ポータルとは玄関の意味であり，ポータルサイトとはあるジャンルにおいて多種多様な情報を1つに束ねる役割をもち，そこから関連する情報やサービスにアクセスすることができるウェブサイトです。

学習ポータルを社内サイトに設置すれば，社内でのeラーニングの認知度を上げたり，学習者からのアクセスのスピード化に役立ちます。学習者はまず学習ポータルにアクセスし，そこからLMSにアクセスするような設計も可能です。

学習ポータルでは，eラーニングに関する製品情報，イベント情報，書籍情報等の紹介といったさまざまな情報提供や検索サービスにより利用者が目的とする情報をナビゲートする機能やコンテンツのサンプルで学習体験ができる機能もあると，より魅力的なサイトになります。

ポータルサイトはデザインや検索性も大切ですが，利用者に役立つ情報が豊富で，常に新しい情報が掲載され，また利用者が迅速に目的とする情報を検索できることがポータルサイトの評価につながります。たとえば，以下のような情報をポータルサイトに組み込むとよいでしょう。

- 利用している学習者の声をまとめて紹介する
- 学習者同士が自由に意見交換できる掲示板を設ける
- 利用率の高いコース，評判の良いコースを紹介する
- eラーニングに関する業界動向や講演記録を載せる
- ヘルプデスクへの問い合わせ
- FAQの検索機能
- 関連サイトへのリンク情報

| 事例 |
| 紹介 　株式会社 日立製作所 |

　日立製作所では，社員に対し，以下のような学習ポータルを提供し，eラーニングによる学習促進を図っている。

［(株)日立製作所 Hitachi-LearningGate ポータル画面より許諾を得て転載］

　機能的には，お知らせ，講座案内，ログインなどの機能を有する。また，講座情報としては概要や受講案内などを紹介している。

5.8　学習者の登録とログイン

　学習者にeラーニングでの学習を可能にするためには，LMSに学習者情報を登録する必要があります。学習者情報とは，学習者のID，パスワード，名前，所属などです。LMSによっては，eメールアドレス，性別，取得スキルな

どの情報も入れることができます。

　学習者情報のLMSへの登録から学習者のログイン手順は，LMSによって方法が変わっている部分がありますが，手順の一例を表5.5に示します。

　学習者情報のLMS登録では，CSVファイルで学習者情報を作成し，一括して登録することができるケースもあります。学習者情報には個人情報が入っているので外部に漏洩しないよう内容を暗号化して送ったり，学習者情報の管理者を決めて厳重に管理することが大切です。

　学習者のIDはユニークな情報にするため，通常は社員番号を利用することが多いようです。また，複数の会社の方がまとめて利用する場合は社員番号の頭に会社コードをつけることでIDの重複を避けます。パスワードは，個人ごとに会社で割り付けている認証パスワードを使ったり，全員共通につけたりすることができます。eラーニングでは誰が受講したかを判断する材料がIDやパスワードになるので，運用作業の手間はかかりますがパスワードを個人ごとに分けた方が厳密な学習者管理ができます。

　LMSに登録された学習者は，学習システムのログイン画面でIDやパスワードを提示することで学習が可能となります。もし，学習者がIDやパスワード

▼▼ 表5.5　学習者情報の登録から学習開始までの手順

No	作業内容	実施担当者	送付先・連絡先
1	必要な学習者情報の連絡	学習管理者	利用部門の担当者
2	学習者情報の収集・データ化	利用部門の担当者	
3	学習者情報の送付	利用部門の担当者	学習管理者
4	学習者情報のLMSへの登録	学習管理者	
5	LMSの動作確認	学習管理者	
6	eラーニング学習の通知	利用部門の担当者	学習者
7	ID，パスワードの通知	学習管理者	学習者
8	ID，パスワードの提示	学習者	
9	学習	学習者	

> 事例紹介 NEC
>
> NECのLMS（Cultiiva* II）では，以下のようなログイン画面が表示される。学習者は自分のログインIDとパスワードを入力し，ログインボタンを押すことで学習が開始できる。
>
> ［NEC Cultiiva II 日本電気株式会社より許諾を得て転載］

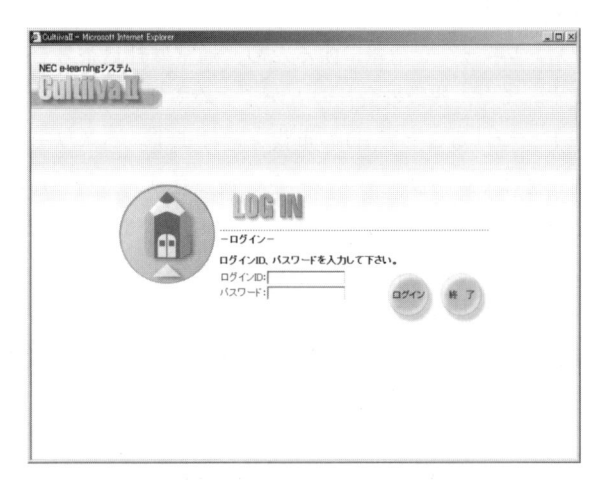

を忘れた場合は各職場のeラーニング運用管理者やヘルプデスクに確認し，自分のIDやパスワードを確認します。特にパスワードについては，どこに問い合わせるか，どのように学習者に連絡するか，を明確にして，学習者が混乱しないよう考慮する必要があります。

5.9 学習管理

eラーニングで学習する際にあたっては，学習前の事前テストや学習後の事後テストを行うことにより，自己の知識やスキルを客観的に評価することがで

---

* Cultiiva は日本電気株式会社の登録商標です。

▼ 表5.6　学習案内から学習評価までの手順

No	学習ステップ	内容	実施主体，通知先
1	学習案内通知	学習者に目的，コース内容，期間，修了条件等を通知する	利用部門の担当者→学習者
2	教材配信	教材としてCD-ROMや書籍がある場合は事前に送付する	教育担当者→学習者
3	事前スキルチェック ・LMS ・CBTの活用	学習前の事前スキル診断を行う。ここで学習の前提となる知識や事前知識を確認する	学習者
4	学習	LMSを利用し学習する	学習者
5	進捗フォロー	学習者の学習進捗をフォローする	学習者の上司 チューター メンター
6	事後スキルチェック ・LMS ・CBTの活用	学習後の事後スキル診断を行い学習後の知識の定着度を評価する	学習者
7	修了判定	学習者の修了率や事後テストの結果を見て該当するコースの修了を判定する	教育担当者
8	修了証の配布	コースを修了した学習者に修了証を配布する	教育担当者→学習者
9	学習結果のフォロー	学習者の学習履歴や修了状況を見て学習者を評価する	学習者の上司

きます。たとえば，自分の弱点分野が事前に把握できればその部分を重点的に学習したり，事後テストによって今後どの領域を学習したらよいかの方向を決めることができます。

学習案内から学習評価までの手順の一例を表5.6に示します。

◀5.10　コース紹介と学習申し込み受付

eラーニングの学習者が学習システムにログインすると，学習画面が表示されます。LMSによってインタフェースが異なるので，画面遷移や表示内容についてはあらかじめ確認してください。通常，学習画面には，学習者が学習するコース一覧が出ています。学習者が学習するコースは，教育部門側で学習者ごとに学習するコースを決定してしまう場合や学習者自らコースを選択する場合があります。たとえば，全社員に対し「ネットワークセキュリティコース」を必須にして強制的に受けさせる場合は，全社員の学習者データをLMSに登録し，次に「ネットワークセキュリティコース」を登録する際に全社員を学習者として定義します。一方，会社側で教育コースを100コース準備し，各社員は自分の業務やキャリアパスに対応して自由にコースを選択するしくみを作ることもできます。この場合は，コース選択画面より，学習者が学習したいコースを選択することで学習画面に学習コースが表示されます。

選択したコースの料金負担先も決定しなくてはなりません。教育部門の負担，学習者の所属する部門の負担，または個人負担など，どこの負担になるのかを学習者やサービスを受ける部門に徹底します。

コースを紹介するためにはコース概要の説明が重要です。コースの目的，成果，期間，修了基準，内容についての質問の可否，コースのダウンロードの有無，などについて学習者が確認できるようにします。また，コース内容の一部サンプルをつけておくと学習者のコース選択の判断材料にもなります。

LMSによっては受講申請から承認，受講までの一連の流れを自動化しているものもあります。具体的には，eメールを使って，以下のような流れで行われます。

① 学習者が所属長に対して学びたいコースを申請する。

② 所属長は学習が妥当と判断すれば承認する。(不適当と判断すればその旨の回答をする)
③ 教育管理者は,所属長の承認を確認したら学習者に学習案内を出す。
④ 学習者は教育管理者からの指示に従い学習を開始する。

また,事前にLMSに条件を設定すれば,学習開始が遅れていたり,学習の進捗状況が芳しくなかったりした場合には,学習者に対して自動的に促進メールを発信することもできます。

◀5.11　学習履歴を活用する

LMSでは,学習者は自己の学習履歴,また管理者は自分の部下の学習履歴を見ることができます。学習管理機能はLMSによって機能レベルが違いますので,マニュアル等を見てどこまでの情報がどの画面で見ることができるかを確認しましょう。

学習履歴では,学習率,進捗率,修了率,理解度という指標があります。(LMSによって名称が違っている場合もあります)

それぞれについて確認できる内容を表5.7にまとめます。

たとえば,学習者はLMSの学習履歴表示画面で,コースごとに自分はどこまで学習が終わっていて,これからどこを学習するかの情報を知ることができます。また,各テストの成績や実施回数も確認できます。これらの履歴を分析することで,自分自身の強みや弱み,設定した目標に対する到達度合い・進捗状況を知ることができます。資格取得のための学習コースでは合格率を学習履歴上で見ることができれば,本試験までに自分はどの程度学習すればよいかの目安になるでしょう。

管理者は,自分の部下のコース学習状況やコースごとに修了/未修了の状態を知ることができます。また,他部門と成績を比較する情報があれば,他部門と比べ自部門はどこが弱いのか,どこが強いのか,を知ることができます。全社教育で全員必須教育であれば,管理者としては誰が修了していないかを知ることで未学習者にフォローすることができます。プラクティス情報との連携に

▼ 表5.7 学習履歴の確認事項

	確認事項	もととなる情報
学習率	学習者が申し込んだコースのうちどの程度のコースの学習を着手しているかが分かる。また、コースを構成する章や節ごとの学習率が分かる場合もある。	eラーニングでは、コースを一度でもアクセスすると学習とみなす場合と、ある程度ページを開いて学習しないと学習したとみなさない場合がある。
進捗率	コース内容をどの程度学習したかが分かる。また、章単位や節単位の進捗率が分かる場合もある。	開いたページ数やテストの実施の有無で進捗率を計算する。
修了率	学習者が申し込んだコースのうちどの程度のコースの学習が修了したかが分かる。また、コースを構成する章や節ごとの修了率が分かる場合もある。	通常、コースや章、節単位で修了テストを設け、合格レベルまで達したときに修了と判定する。
理解度	学習内容をどの程度理解しているかの判断基準になる。	コース、章、節レベルのテスト結果を見て理解度を判断する。

より、今後強化させたい領域のスキル向上のために部下に適切なコースの受講を指導したり、学習成績により今後のキャリアパスを検討したりするツールとして学習履歴情報が活用できるでしょう。また、学習履歴は人事やマネジメントに生かすこともできます。具体的には、部下の昇進・昇格、異動、キャリア開発、部下育成の情報になるでしょう。

◀ 5.12　ネットワーク環境や機器の障害対応（ヘルプデスクサポート）

学習者がストレスなく学習するためには、ネットワークやパソコンが障害なく利用できることが重要です。特に、最初にeラーニングを実施したときの第一印象が重要であり、そのためにも学習者をサポートするヘルプデスクの役割が必要となります。

ヘルプデスクを設定する場合は以下のことを検討します。

（1） スタッフ

自社の要員を指名するか，アウトソーシングするかを検討します。また，自社の場合，どこの部門が担当するかを決めます。

（2） 場所

ヘルプデスクを置く場所を検討します。自社で専用の部屋を用意するか，またはアウトソーシング先に場所も含めて委託するかを決めます。

（3） サポート時間

ヘルプデスクがサービスする時間帯を検討します。たとえば，平日9：00から17：00までをサービス時間として，それ以外の時間帯に問い合わせメールが来た場合は，サービス時間帯に回答するなどのルールを決めます。

（4） サポート手段

ヘルプデスクサービスの手段として電子メール，電話，FAXなどを検討します。一般的には電子メールで行い，補助的な手段として電話やFAXを利用する場合が多いようです。

（5） 必要なハード設備，ソフト類

ヘルプデスクサービスに必要なサーバーやパソコン，およびネットワークを調査します。また，ヘルプデスクの問い合わせ内容の履歴管理のためにデータベースが必要な場合はデータベースソフトも購入します。電話によるサービスも受けるときは，専用電話の設置も検討します。

（6） 運用マニュアル

ヘルプデスクには学習者や管理者などいろいろな人から質問が入ってきます。どのような質問のときはどう対応するのか，またどこに問い合わせるのか，などをルール化し徹底する必要があります。このために運用マニュアルを作成し，標準化を図ります。

（7） 学習者への周知方法

ヘルプデスクサービスの存在，問い合わせ手段，何を質問できるかなどを学習者に認知してもらうことが大切です。たとえば，学習者に配布する受講案内や学習ポータル，またログイン画面の中で案内する方法があります。また，各学習者が所属する職場にeラーニング運用を取りまとめる担当者がいる場合

は，その人にもヘルプデスクサービスの内容を説明します。これは，学習者が各職場のとりまとめ担当者に質問する場合も考えられ，担当者が理解していないと混乱することがあるからです。

ヘルプデスクの問い合わせには，以下のような内容が多くあります。
- IDやパスワードを忘れたので教えてほしい
- 学習システムにつながらない

事例紹介　富士ゼロックス株式会社

コンピテンシーマネジメントとeラーニングの統合

富士ゼロックスでは1999年よりコンピテンシーマネジメントを導入している。社員のコンピテンシーレベルを明らかにして，個人ごとの弱点を研修によって強化しようとしているが，そこでeラーニングを活用している。

2001年に営業部隊100名を対象にeラーニングの活用実験を実施し，学習者に受け入れられることを確認した。その後に営業部門では次の表のようなしくみで

営業部門におけるeラーニング

内容	詳細	
Web Based Training	全社員必須WBT（社内作成）	
	環境マネジメント・情報セキュリティ	
	資格取得支援WBT（ASP）	
	自由選択WBT（ASP）	
	ビジネスリテラシー系	97コース
	ITリテラシー系	約50コース
CD-ROM教材	ITリテラシー系教材	約30種類
	Microsoft Office系教材	約20種類
セミナー	全社イベント，集合研修等で行う	
ウェブ配信	セミナーをウェブでストリーミング配信	

5 運用管理

- レスポンスが遅い
- 動画が再生できない
- 学習方法がよく分からない
- 学習が修了したのに学習履歴が修了にならない，など

ヘルプデスクには，同じような質問が寄せられることが多いので，ヘルプ

---

eラーニングを活用している。

全社員必須の教育，例えば情報セキュリティ教育はビデオと文章で学習し，事前テストと事後テストで理解度をチェックしている。また，シスアドや電子ファイリングなどの資格取得支援，CD-ROMの貸し出しサービスを実施する。ストリーミング配信サービスとして集合研修形態のオープンコースをビデオとスライドで配信している。

導入のポイント

① より良いコースを選択できるしくみ作り

富士ゼロックスは学習履歴の管理システムを独自で構築し，過去に学習した人のリストとコースに対する評価を公開している。過去の学習者の率直なコメントを参考に，これから学習する人が適切なコースを選択できる。また，これによって，コースの自然淘汰がなされている。

② 修了率を高めるしくみ作り

自由選択コースについては，3カ月以内にコースを修了できるよう，事務局から数回のフォローメールを出している。学習途中にギブアップすると費用が人事部負担から部門負担に変わるのも学習者へのプレッシャーになっているようだ。

現在のコース修了率は85%弱と高い。このようなしくみ作りと，コンピテンシーマネジメントをベースにしたことにより高修了率になったといえる。

eラーニングによって，営業部隊のコンピテンシーはわずかだがレベルアップした。コンピテンシーレベルでは現在，5段階評価のレベル3以上が50%であるが，これを年度末に62%に，レベル4以上を5.7%から7%，さらには2005年までに17%にすることをめざしており，その手段としてeラーニングを位置づけている。

今後は，インターパーソナル（対人関係の）分野のコースの充実を課題としている。

デスク用のデータベースを作成し，すぐに検索できるしくみを作っておくとヘルプデスクの回答時間の短縮化が図れますし，回答内容の標準化が図れます。

また，学習内容に関する問い合わせがヘルプデスクに入ってくることもあります。この場合は，該当するコースのチューターに質問を回すか，チューターへの質問方法を学習者に連絡します。

ヘルプデスクの費用は，ヘルプデスクを行うためのハードやソフト費用，フロア代を除くと人件費になります。もし，アウトソーシングをするのであれば，80万～100万/人月程度を想定するとよいでしょう。

5.13　運用業務の外注化

eラーニングの運用作業は専門的な部分が多く，各作業内容に応じてベンダーにアウトソーシングすることは効果的です。社内においても業務委託するベンダーを効果的に管理するノウハウを蓄積することが重要です。これは，品質や効率を判断できるレベルのノウハウを発注先がもつことを意味します。外注できる運用作業としては，以下のようなものがあります。

- LMSサーバーのハードウェア運用・障害対応
- LMSの運用準備（学習者登録・修正，コース登録，動作確認，ログ管理等）
- ヘルプデスク
- コンテンツ登録・動作チェック
- LMS管理（バグ対応，カスタマイズ，保守等）

社内のスタッフで対応できる作業もあるでしょうが，人件費を考慮すると専門業者にアウトソーシングするのが効果的です。しかし，すべての作業を外部会社にアウトソーシングする場合でも，社内に数人の専門スタッフを置き，ベンダーコントロールや利用部門との橋渡し役を行うことが必要です。また，社内スタッフが，eラーニングの知識や技術をもち，提供されるサービスを評価できることがアウトソーシングするときの前提条件になります。

学習者情報は個人情報保護の観点から管理を厳しくする必要があります。委託するベンダーの選定にあたっては，個人情報管理規定を定めて厳しく運用

している会社を選ぶようにします。ベンダーに学習者情報を渡す場合も，メールでの送信では暗号化したり，個人情報の扱いについて契約を締結し委託先にも個人情報の管理を徹底します。

また，ヘルプデスクは，学習者や利用部門の管理者と直接やり取りをする窓口になるので，マナー教育が徹底しているかという観点もベンダー選択の基準になります。

アウトソーシングの費用は，人件費だけか，またはハード，ソフト，フロアの手配もすべて外部会社にお願いするのかの条件によって変わってきますが，人件費だけであれば，80万～100万/人月程度を想定するとよいでしょう。

アウトソーシング先を選択するポイントは以下のとおりです。

- 運用業務の実績が豊富である。特に大規模な運用実績に注目。
- 価格に対するサービスレベル基準が明確になっている。
- 基本サービスにない運用要望も対応してくれる。（通常は有償）
- セキュリティ，個人情報保護について，対応がきちんとしている。
  具体的には，Ｐマークなど公的な認定を取っているなど。
- 自社の環境・状況・使い方に合わせて運用の提案をしてくれる。

上記の点を考慮して，費用の安いベンダーを選択することになりますが，どのポイントに優先順位をおいて選択するかを決めておくことが重要です。

5.14 成功例，学習者の声の収集と広報

eラーニングの成果はどんなに小さなものであっても，その実績を分かりやすい言葉で紹介する必要があります。できれば，経営幹部や学習体験者からの言葉を添えて紹介するのが望ましいでしょう。eラーニングでは学習者とのコミュニケーションはeメールで進みますから，学習者から学習の成果をeメールで収集するのは容易です。

（1）コースの評価

学習で得たもの，業務上の成果を具体的に語った学習者の言葉は，これから学習しようとする人にとって役立つはずです。とりわけ，学習するコースを

事例紹介 富士通株式会社

　受講モラールの維持が難しく，途中での脱落が多いことが過去の実績から出ていた。そのため学習支援環境を採用し，学習者へのチアリング，質疑応答へのリアルタイム性の追求，成績が良かった場合は，上司への通知などを行って，最後まで学習をしてもらうことを主眼とし，組織構築，運用を行ってきた。

（1）学習支援環境を実現するための組織構成（図1参照）

　基本機能として，コンシェルジュ，システム運用者，メンター，チューター，スタッフの5者と組織全体を管理するスーパーバイザーからなる機能から成り立っている。利用者（学習者，上司，教育担当，予算担当）からの問い合わせはまずコンシェルジュで受け付ける。ここで受け付けた旨の応答を利用者に返すと同時に，コースコード等で自動的に各担当者へ送る。

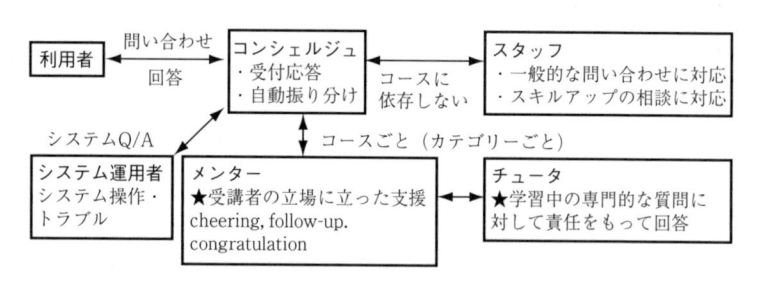

図1　学習支援システムの組織構成

（2）学習支援環境のシステム構築

　問い合わせに対しては，FAQによる自己解決を第一として，FAQで解決しない場合は，問い合わせることとした。これによって，レスポンス時間の短縮化を目指した。現在問い合わせの7割がFAQ検索で解決できている。

（3）学習支援事例紹介
- カリキュラム（必須教育）：インターネットと知的財産権，利用者のためのネットワークセキュリティ，ネットワークマナー，環境の基礎，特許の基礎，ほか全10コース
- 対象：2002年度新人全員（約800名）・1クラス約40名，それぞれにメンター

5 運用管理

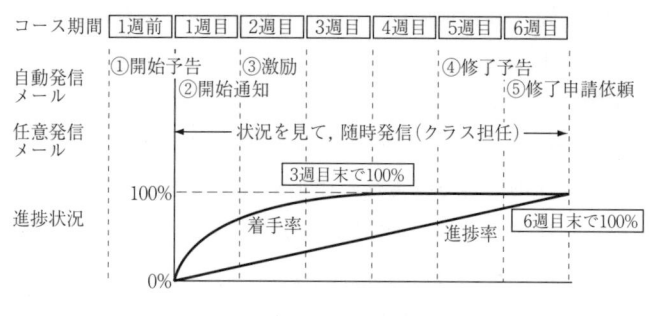

図2 進捗管理

（クラス担任）を置いた。
- 期間：6週間
- 着手率（教材を見始める）と進捗率の2点から管理した
- すべてのクラスで100%受講完了。クラス間で進捗の差が出たが，メンターの介入の度合いと進捗度は比例する傾向にある。クラスCとクラスAもしくはBと比較すると明らかである。

クラスCとクラスAもしくはBと比較すると明らか。クラスCはメール回数が多いだけでなく早めに手を打ったことも分かった。

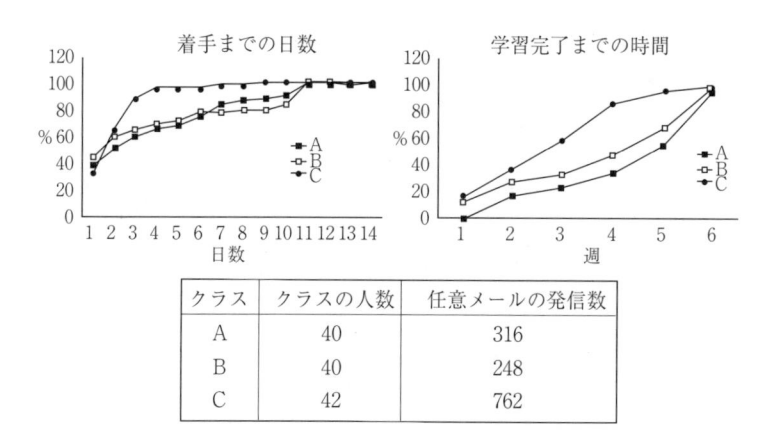

クラス	クラスの人数	任意メールの発信数
A	40	316
B	40	248
C	42	762

図3 クラス間での進捗状況の違い

選択しようとするときに，その成功した事例は効果的です。コースごとに，過去の学習者の声や評価，効果事例がチェックできるようにすれば，きわめて有効な情報源になります。

（2） 成功事例

新しく導入されたeラーニングシステムへの社内の関心は高いはずです。そのためにeラーニングの学習で得られた成果をコースごとや職場ごとに検証し，効果が認められれば，広く広報する必要があります。とりわけ業務へ効果が反映したケースは重要です。得られた効果には，時間の削減，コストの削減，スキルの向上，サービスの改善，売上げの拡大などが考えられます。それぞれのケースには，当初の不安が当てはまらず，所期の目標を達成したことを経営トップのコメント入りで広報されたとすれば，その威力は絶大です。

eラーニングの効果についての論理的な記述よりも，自社の具体例に基づく検証や分析が説得力をもちます。成功事例を集めて広く広報することが，社内世論を変える力です。

（3） 広報の対象はトップと全社

成功事例をeラーニングの促進のために使うとすれば，真っ先に伝えるべき相手は経営トップです。eラーニングへの投資が正しかったことを明らかにし，今後の推進への支持を確実にすることが必要だからです。その上で，トップからのコメント入りの成功事例を全社にメール配信するか，自社ホームページに掲載できるように働きかけましょう。

6 効果測定

6.1 教育の評価

　これまでわが国の企業内教育においては，教育することそのものを目的としたために，教育を評価することが学習者の全人格を評価すると見なすような傾向があり，評価をする側もされる側も教育評価に積極的になれない文化がありました。しかし企業の貴重な資金と時間を費やして行われた教育が組織や人材にどのような効果をもたらしたのかを評価しないことが許される時代ではなくなってきています。最近では成果主義人事の導入と共に，教育を業績拡大のための投資，あるいは手段として捉える考えが広がってきました。その結果，教育のもたらす成果を評価することが重要であるとの認識が生まれました。ようやく教育に対して，製造，販売，宣伝広告，物流などの他の経営機能と同様に投資効果を評価する考え方に至ったのです。アメリカでは至極当然と考えられている教育の評価は，企業内教育の高度化をめざすならば日本でも人事部門や人材開発部門が直面する課題にならざるを得ません。

　また，eラーニングは新しい教育手法であることから，導入の成果を確認し，eラーニングの有効性を証明することが担当者の役割となりつつあります。成果を明らかにしなければ，次の段階へ進むことが難しくなるからです。

　加えて，教育評価を詳細に検討すれば，コース内容や学習サポートを改善し，より効果的なeラーニングを促進することが可能になります。eラーニングはテクノロジー，コンテンツ，サービスの要素から構成されますが，詳細な

教育評価の測定や学習者の評価なしでは，それらの改善と向上は図れないからです。

このように，教育の評価によって，①学習者の教育に対する満足度，②教育成果の測定，③プログラムの存在価値の評価，④企業業績への影響，などを評価することが可能ですが，評価の目的によってその測定方法は異なってきます。

6.2 教育のROI

投資の価値があったかどうかを示す数値がROI（Return On Investment）です。すなわちeラーニングへの投資に対する企業へのインパクトをできるだけ数量的に把握することで，eラーニングへの投資の妥当性を評価します。

eラーニングのROIに関しては，2つの主要な考え方があります。
- コスト中心のROI。費用の削減に関心ある場合
- 価値中心のROI。価値の拡大に関心ある場合

これらの2つのアプローチは互いに関連がありますから，可能なら両方使ってROIを検討すべきです。

（1） コスト中心のROI

企業がeラーニングを導入する理由として，教育費用の削減を上げることは多くあります。教育の対象者が多ければ多いほどそのコスト削減効果が大きいと考えられるのです。たとえば，IBMでは，集合研修をeラーニングに転換することによって全世界で年間に1億6,000万ドル（約180億円）を削減できたと公表しています。

仮に，従来マネジャー教育のために使っていた集合研修をeラーニングに移行して，それまでの経費1,000万円が800万円で済んだとしましょう。コスト中心のROI分析の形ができます。（もちろん，あなたのケースの数字を当てはめればいいのですが）

集合研修の費用は教材費100万円，連絡事務費25万円，講師費用375万円，施設費100万円，旅費400万円，合計1,000万円であり，eラーニングに置き換えた場合の費用はコース開発費400万円，減価償却費100万円，講師費用200

万円，システム運営費100万円，旅費0，合計800万円です。この数字はあくまで仮定ですが，一般的には以下のことが分かります。

（a） 教材費は，eラーニングのコース開発費のほうがかなり高額になります。しかし，費用は一定なので対象人数が増えれば1人当たりコストは減少します。開発後に少しの労力で改訂を加えられます。

（b） 集合研修では，研修参加者に連絡する連絡事務費が必要です。一方，eラーニングでは初期投資を要しますから投資に対する減価償却費が発生します。

（c） 集合研修では講師費用が研修回数に比例して必要です。eラーニングでは，講師の費用はコース開発やチュータリングに使われます。

（d） 集合研修では，施設費が必要です。eラーニングではシステムの運営費用がかかります。

（e） 集合研修では受講生と講師は研修所へ移動するための旅費が必要ですが，eラーニングはその必要がありません。

仮に，このマネジャー研修の効果が集合研修もeラーニングも同等であるとすれば，コストの低いeラーニングのほうが集合研修よりも投資効果が高い，すなわち，ROIが高いといえます。

一般的に2～3年のスパンで，集合教育で行った場合の費用とeラーニングで節約できた費用の差分をeラーニングに投資した費用で割ったものをROIのパーセンテージとして表現します。単年で計算すると単なるコストダウンの話になるので多くは2～3年のスパンを使うようです。

（2） 価値中心のROI

eラーニングは，他の方法では実現できないことを達成することができます。テクノロジーの力を利用することで教育を従来よりも速く，安く，効果的にやりとげることが可能になるからです。

たとえば，ハイテク企業は全国に配置された営業担当を対象に，次々に市場に送り出される新商品に関する教育を繰り返し実施しなければなりません。eラーニングを使えば，迅速に全国の営業担当に新商品の教育が可能になります。ところがeラーニングがなければ，すべての営業担当を教育するにはかなりの期間を要するでしょう。さもなければ，教育をあきらめて，商品知識が不

完全な営業担当に我慢しなければならないのです。いずれにしても，それは販売機会の損失と，知識不足の営業担当により，本来は得られるはずだった収入を失うことを意味するでしょう。ところがeラーニングによって迅速，かつ効果的な教育が対象者全員に実施できれば，状況は一転します。その得られた価値と要したコストを算出できれば，これが価値中心のROIです。

利益は，もし，すべての営業担当に新商品の教育を迅速に行えば追加売上げ1億円を得ます。しかし，それが実現しなかったらばその売上げは得られなかったでしょう。追加売上げ1億円，利益3,000万円です。eラーニングのコストはコース開発費 300万円，通信費100万円，システム管理費100万円，チューター費100万円，旅費0，合計700万円，利益は3,000万円－700万円＝2,300万円です（数字は仮定です）。

このケースでは，700万円の投資で1億円の売上と2,300万円の利益を獲得したことになります。つまり，eラーニングの導入で，教育の「スピード化」，「効率化」，「コストの低下」という価値が生み出され，その結果，大きな投資効果が得られたのです。

しかし，教育評価で進んでいるアメリカの事例を見てもeラーニングの評価は必ずしもデータだけでは成果のすべてを表現できないので"企業活動の機動性向上"とか"営業品質の向上"などの定性的な文章とコストダウンの数字などと組み合わせて成果を表現しています。

6.3 eラーニングの有効性の証明

eラーニングの導入は，これまでの慣れ親しんだ教育方法の変更であると同時に，一度に多額の費用を出費する教授法の採用になるために，通常の企業組織においては，その有効性を説明することが要望されるでしょう。そして，eラーニングで解決しようとする企業内教育の課題には，以下の4つの課題があり，それぞれ個別に検討する必要があります。

（1） コストの削減効果

eラーニングによって得られるコスト効果を算出します。

これまでの研究では，一般に学習者が300人～400人を超えると集合研修よ

りもeラーニングのほうが1人当たりのコストが下回るといわれています。逆に，対象が300人～400人未満だとeラーニングのメリットをコスト面で享受し難くなります。これは，eラーニングのコストの大半を占めるシステム管理費やコース開発費が学習者の増加に対応して逓減するためです。また，集合研修の場合は，研修施設への旅費がかなりの金額を占めていますが，eラーニングではこれがゼロか僅少になります。こうした費用を算出することでeラーニング導入によるコスト削減が明らかになるはずです。しかし，見過ごされがちなのが，学習者が職場を離れることでの機会損失です。業務を離れずに学べるeラーニングだと，業績への影響を抑えることが可能になります。アメリカでは，この労働費用を算出し削減コストに合算することが一般的です。同様に，アメリカではベテランが新人を指導するために費やす時間をeラーニングによって削減できることもコスト削減として捉えようとする傾向があります。

（2） 品質の向上

集合研修と比較して，eラーニングでのコースの修了者数・修了率や資格取得者の人数などが伸びていれば，eラーニングによる効果といえるでしょう。また，学習によって社員の知識やスキルの向上が観察されれば，それは業務に反映しうる教育効果です。その結果，営業スキルの向上や，顧客サービスの改善が進めば，それは一段と高い効果となります。学習者やその上司の証言を収集することでその事実を示すことができます。加えて，こうしたことによって業務に関連する知識を社員がいつでも自由に得られる環境づくりを通して学習が日常的になり，組織全体の知的生産性が向上することも重要な視点です。

（3） サービスの向上

社員がどこにいても，必要なときに，必要なことが学べることは集合教育では全く考えられないことです。職場にいて業務に関連した知識を簡単な操作でサーバーにアクセスするだけで学ぶことができるのです。この利便性が多くの社員に歓迎されていることをアンケートや証言で立証しましょう。費用と時間の制約が少なくなるのを利用してコース数が拡大できれば，社員の学習時間は増加し，受講コース数は集合研修よりも増加するものです。コース内容の更新が容易にできるために，最新の教材による学習が可能になります。また，コンピテンシー診断やカリキュラム作成機能を利用すれば，個人ごとにカスタ

マイズされた学習が可能になります。これらのeラーニングのメリットを集合研修と対比すれば，社員1人ひとりのニーズにあった，自由で身近な学習環境を示すことができます。

（4） スピード化

コンピュータとネットワークのテクノロジー利用によって，従業員の学習のスピードが向上していることを示す必要があります。コースの開発，コースの提供，コース内容の更新が，集合研修よりも短時間で行われていることを数値で示します。

通常は同じ内容・レベルのコースも，eラーニングの方が集合研修よりもかなり短い時間で学習できます。それは，自己紹介や休憩等の時間がないことが第一の理由ですが，学習者は自分の知っている内容は飛ばして先へ進め，他の遅い人の学習進度に合わせて待たされることなく，自分のペースで学習できることもスピードアップに寄与しています。これらは効率的で迅速な学習の提供になります。

対象者が多い場合には，eラーニングのスピードにおける優位性は決定的になります。集合研修の場合は研修施設と講師の人数が受講者数の制約条件になり，対象者全員の受講が終わるまでにかなりの期間を要しますが，eラーニングでは学習する人が多くても他の条件に左右されずに短時間に修了することが可能です。eラーニングの導入によって，これまで要していた教育期間が大幅に短縮されたことを示すことができるはずです。変化が激しい時代においてこのeラーニングのもつスピードは大きな魅力になります。従業員の学習が他社よりもスピードアップできれば，それは企業の競争力の強化につながるでしょう。

6.4　学習効果の測定

eラーニングの学習効果を測定する場合によく用いられる方法は，学習終了時のアンケートと，学習の前後に実施するテストです。学習終了時のアンケートでは，「学習内容がよく分かった」などeラーニングに対する学習者の主観的な評価を得ることができます。学習内容に関するテスト項目を設定し，学習

の前と後で同じ項目に対するテストを実施すれば，その結果を比較することで，eラーニング実施による理解度の向上を測定することができます。

　アンケートや学習前後のテストは，LMSの機能を用いて実施することが可能なため，しばしば用いられますが，学習効果の一部分しか測定できないため，eラーニングの効果を総合的に測定するための方法としては不十分です。eラーニングを総合的に評価する方法としては，「カークパトリックの4段階評価法」が広く知られています。

　「カークパトリックの4段階評価法」は教育効果をレベル1からレベル4の4段階に分けています。

　　　レベル1：学習に満足できる〈満足度〉
　　　レベル2：学習内容を理解できる〈理解度〉
　　　レベル3：学んだことを実務で生かせる〈行動〉
　　　レベル4：仕事の成果に結びつける〈成果〉

　それぞれのレベルには，対応する評価内容と測定方法があります（表6.1）。
　レベル1は上記のアンケートで，レベル2は教育ニーズを調査して設定された学習目標に対する学習者の学習達成度を調べます。このレベル2はコンテンツの質を含めた教育システムの評価であり，学習者の評価ではないことに注意

▼▼ 表6.1　カークパトリックの4段階評価法

レベル	評価内容	測定方法
レベル1	学習者の研修直後の評判，満足度	学習後のアンケート
レベル2	学習者の研修内容の理解度	学習目標に対する学習直後の達成度把握，実技演習
レベル3	学習者の行動の変化	3～6カ月後の学習後の学習者や上司へのインタビュー，アンケート
レベル4	研修で学んだことからの業績向上，成果	売上げ増加，コスト削減，生産量や品質の向上等

する必要があります。すなわち学習者群が学習目標を達成できていないと判断される場合は，学習者が悪いのではなく教育システムに問題があり，それを改善しなければならないとの発想に立ちます。また，レベル3の行動の変化については学習の後3〜6カ月後に学習者本人と上司にウェブによるアンケートを実施することで測定できます。アンケートやテストと同様にLMSの機能を利用することも可能でしょう。ここで，上司にアンケートを実施するのは，上司が学習者の行動変化を客観的に観察していると考えられるからです。

しかし，レベル4でいう成果はさまざまな要因が組み合わさって生じるために，学習効果だけを抽出して測定することは困難がともないます。レベル4の効果については，さまざまなデータから推定することが多くなるのが現状です。

6.5　業績を向上させるeラーニングの展開

eラーニングには，集合教育とは全く違った思想で取り組むのが効果を上げるポイントです。よく引用される「いつ，どこでも必要なものを，必要な人が学ぶことができる」というeラーニングの特性は，従来の集合教育とは異なる教育の可能性を示しているからです。つまり，これまでの企業内教育が企業主体であったのに対して，eラーニングは明確に学習する人が主体となっています。一方，学習の場は，教室から職場に変わっていきます。社員が職場で，自分にあった，業務に必要な知識やスキルを自由に学習できることにより，業務の生産性が高まります。それが組織レベルで推進されるならば，学習する組織が実現し，知的生産性の高い組織への転換が可能になります。

変化が激しく，競争が激化する90年代のアメリカ経済においてeラーニングが大きく発展した理由は，eラーニング利用による人材開発のスピードアップが企業の競争力強化に有効である点が評価されたためでした。したがって，eラーニング導入の目的を教育の効率化とコスト削減に限るならば，それはeラーニングの真価を引き出したことにはならないでしょう。eラーニングを核にした職場での継続的な学習とその組織化は，組織における知的生産性の向上をもたらすはずです。そして企業業績の向上までに展望を広げる中で，どの

ようにeラーニングを使いこなすかが，今日的なeラーニングの課題といえるでしょう。

　アメリカでは，職場において課題に出合うたびにその場で学習し，対応する学習方法はジャストインタイムトレーニングと呼ばれ，普及しつつあります。これはeラーニングが定着する中で，学習の場が教室から職場へと移ってきていることを示します。その根拠として，人が教室で学ぶのは20％で，教室以外で学ぶのは80％という調査データから，職場で学習してすぐに実践することが学習効果を上げるには有効であるとする説が説得力をもって受け入れられています。

　ナレッジマネジメントやコンピテンシーマネジメントにeラーニングが利用されるケースが増加しています。組織的に社員の能力向上を業績に結びつけようとする経営戦略の推進がこうしたeラーニングの利用に反映しています。自席での学習の習慣化，日常化が学習の形態を変え，能力開発と業績向上をもたらすとのeラーニングへの期待が大きくなっています。

　このような職場での業務密着型のeラーニングは，知的生産性を向上させるインフラとしての期待からeラーニングの提供形態にも変化を与えています。

（a）　強制的な学習は減って，学習者の意思で自由に学習できるしくみに変わる。
（b）　学習者が自らの課題を理解して学習の必要性を自覚するようになる。
（c）　豊富なコンテンツが自由に学習できるように学習者に開放される。
（d）　短時間の学習で成果が得られるように1つの学習単位が15分程度に短く構成される。
（e）　学習をサポートするしくみが充実してくる。
（f）　学習進捗を管理したり，督促したりする必要がなくなる。
（g）　学習して得られた成果に関心が高まる。

　eラーニングの活用によって学習→知識獲得・能力向上→業績向上のサイクルの実現が現実の課題になりつつあります。

コラム　eラーニングの今後は

　私たちは，パソコンや携帯電話やインターネットのないビジネス環境がもはや想像できない時代に住んでいます。ほんの10年前までは，これらの新技術は日常のオフィスではほとんど使われていませんでした。しかし，その後これらの技術の普及がどれほどビジネスを変えたことでしょう。単に通信手段の進歩にとどまらず，仕事のルールや組織の構造さえも変えてしまいました。これと同様に，eラーニングなしではビジネスが成立しない時代に間もなく突入することでしょう。市場環境は，企業競争に勝つために効率的でスピーディーな人材開発を企業に要求しているからです。個人も新しい知識とスキルをeラーニングによって習得し，自らの能力を向上させるようになるでしょう。アメリカでは，数年前からすでにその時代に入っています。日本でもようやく5,000人以上の大企業ではeラーニングの導入済みの企業は70％近く（eラーニング白書2003/2004）になってきましたが，企業の中での普及密度にはばらつきがあるようです。

　ここではeラーニングが日本で普及するための条件と，どのような形でeラーニングが普及していくのかについて考えてみましょう。

（1）　eラーニングがさらに拡大する条件
- 企業業績の回復……eラーニングの導入や強化には，少なくない投資が必要とされます。
- 人材開発の重要性への認識……人材開発を経営戦略の優先課題として位置づけることが企業内教育の変革と強化に結びつきます。
- eラーニング技術の進歩……教育効果を高めるeラーニング技術の開発とシンプル化が市場を拡大します。
- 教育コンテンツの増加……品質の高いコンテンツが豊富に廉価で入手できれば普及にはずみがつきます。

（2）　どのようにeラーニングは変化するか
- 企業の業績向上や競争力強化のためにeラーニングへの投資や受講者数を増やす企業が増加します。
- 企業内研修の中でeラーニングが中心的な位置づけになります。

- eラーニング技術がどんどん豊かになり，同期型eラーニングシステム，ストリーミング動画やアニメーションによってeラーニングの欠点が補われ，その効果はフェイス・トゥ・フェイスの研修に近づきます。
- eラーニングのコンテンツは，既製品もカスタマイズも今よりも価格が安くなります。
- SCORM規格が普及してどのLSMもコンテンツも自由に使えるようになります。各社のオリジナルコンテンツを相互に貸し借りすることも行われます。

このようにeラーニングは，技術進化を続け，システムとコンテンツの品質は上がり，価格は下がり，企業の中に深く浸透し，より広範な従業員の学習手段として不可欠な存在になることでしょう。

eラーニング用語集

ASP/イントラネット

　eラーニングを利用する場合，LMSを社内のネットワーク（イントラネット）に設置するか，ASP（アプリケーションサービスプロバイダー）と呼ばれるベンダーからLMSのサービス提供を受けるか，のいずれかの形態をとる場合が一般的です。

ASP（Application Service Provider）

　eラーニングASP（アプリケーションサービスプロバイダー）と呼ばれるベンダーからLMSのサービス提供を受ける場合は，独自にサーバーをもつ必要がないため，煩雑なサーバー管理が必要ありません。学習者にとっても，インターネットへつながる環境があれば，自宅，職場にとらわれず学習することが可能です。また，利用したいコンテンツを提供しているベンダーを利用するのであれば，LMSによるコンテンツの制限も受けません。

　一方，インターネット経由でサーバーへアクセスするため，職場で利用する場合は，社外への回線接続状況を考慮する必要があります。また，セキュリティの面から社外へのアクセスを許可していない場合や，アクセスを許可されていてもファイアウォールがJavaやストリーミングに対応していない場合もありますので，事前に社内ネットワークの担当者への確認が必要です。また，自宅利用・職場利用に関わらず情報がインターネットを経由しますので，セキュリティに対する検討も必要です。

イントラネット

　LMSを社内のネットワーク（イントラネット）に設置する場合，限定された部署内のみでの利用など，ネットワークの容量やセキュリティにあまり神経を使う必要のないこともありますが，全国に散在する組織での利用の場合や，自宅など社外からの利用も想定される場合には，社内のネットワーク（イント

ラネット）の回線容量やセキュリティポリシーなどを事前によく検討し，他のシステムの運用や実際のeラーニング受講に支障の出ないようにシステムを構築する必要があります。また，受講開始後はLMSの保守・運用を行う必要がありますから，イントラネット利用の場合は，関連する社内システム部門と連携をとっての十分な検討が必要です。

eラーニング（e-Learning）

　　パソコンとインターネットを中心とするIT技術を活用した教育システムをeラーニングと呼びます。アメリカをはじめとして世界各国で研究が行われていたCAI（Computer Aided Instruction（コンピュータによる支援教育））は，当初，教材をCD-ROMなどで配布する形体が主流でしたが，配布コスト，配布後の内容修正の困難さ，学習進捗の一括管理の難しさ等の問題がありました。

　　その後，インターネットや企業内のネットワークの広がりと共に，教材をインターネットで配信するWBT（Web Based Training）や，学習者のコンテンツ管理やスキル目標の設定，学習進捗状況等を一元的に行う機能を提供するLMS（Learning Management System（学習管理システム））を使用したシステムが主流となっています。eラーニングは，講師と学習者が教室に集まる集合教育と違って，時間と場所の制約を受けませんので，コンピュータとネットワークさえあれば，いつでもどこでも学ぶことが可能です。

　　そのほかにもeラーニングのメリットとして，
・講師の質の違いに学習者が影響されない
・個々の進捗に合わせて，何度でも繰り返し学習ができる
・学習者の理解に合わせたきめ細かな学習の設定ができる
・最新の内容を早く，安価に配信できる
・多くの学習者に同一の教材を一律に提供することができる
・職場を離れずにすむので，集合研修に比べて，時間・間接コストの削減ができる等があげられます。

　　しかし，eラーニングが今後のすべての集合研修に置き換えられるものではありません。実際に，ブレンディッドラーニング（Blended Learning）と呼ばれるeラーニングと集合研修を組み合わせた形態は，eラーニング単独で実施するケースに比べて教育効果面で成功を収めている例が多く報告されています。eラーニングに適した学習と適していない学習を見極めて，それに応じた形態や方式を使い分けることが重要になります。また，eラーニングは，特に企業内において，単なる教育ツールとしてだけでなく，ナレッジマネジメントやパフォーマンスサポートシステムのインフラとしても期待されています。

eラーニングスキル標準

　　2002年12月，経済産業省が「ITスキル標準」を発表しました。ITスキル標

準は，IT関連サービスの提供に必要とされる能力を明確化・体系化した指標で，産学におけるITサービスプロフェッショナルの教育・訓練に必要な枠組みを提供しようという目的で策定されたものです。

「eラーニングスキル標準」は，eラーニングサービスの提供に必要とされる能力を明確化・体系化した指標で，ITスキル標準のサブセットとして位置付けられるものです。ITスキル標準は，ITサービスを「職種/専門分野」で区分/各専門分野の構成能力を「スキル項目」として定義し，専門分野，スキル項目に指標を設定しています。eラーニングスキル標準の構成も同一です。

eラーニングスキル標準の職種/専門分野とスキル項目の例を示します。

　　職種の例：システム開発/構築，コンテンツ制作，eラーニング運用等
　　専門分野の例：プラットフォーム開発者（システム開発/構築），エディタ
　　　　　　　　（コンテンツ制作）など
　　スキル項目の例：分析・要求定義，ソフトウェア開発等（プラットフォー
　　　　　　　　ム開発者），eラーニングコースの設計・評価，コンテンツの
　　　　　　　　制作・管理（エディタ）など

専門分野では，経験業務の規模，複雑性，責任の度合いに応じて，レベル1～7の「達成度指標」が設定されています。スキル項目にも，スキル習熟の度合いを示すレベル1～7の「スキル熟達度」と必要な「知識項目」が設定されています。

スキル標準には，サービス提供側・調達側が共通の指標で内容を評価する，サービス提供企業が自社のスキル管理・育成の指標とする，個々人が自身のキャリアパス実現の指標とする等の効果を期待できます。

EPSS（Electronic Performance Support System）

組織のパフォーマンスの向上を支えるコンピュータシステムをEPSSと呼んでいます。非常に広い概念をもつ用語です。

初期においては，コンピュータアプリケーションの操作に困らないようにサポートするシステムを指していました。たとえば，Microsoft Officeのヘルプ機能の1つである「イルカ」などです。また，特にアメリカにおいては，ユーザーのパフォーマンスに合わせてシステムの設計を行うことをPerformance Centered Design（PCD）と呼び，EPSSと同義に使われることがあります。

今日では，デジタルマニュアルやオンラインで成功事例を参照するなどのナレッジマネジメントシステムと境界線を接しながら，広く業務遂行時に必要とされる情報や知識を提供するシステムをEPSSと呼んでいます。

日本における概念の普及とシステムのインプリメンテーションはこれからの領域です。eラーニングエンジンへの搭載，あるいはeラーニングのジョブエイドな使い方として研究がその緒に就いた状況です。

従業員が近未来の業務遂行に必要とする学習を必要なときに必要な人に必

要な場所で必要な形態で与えることがeラーニングの使命とすれば，EPSSは従業員が現在の業務の遂行に必要とする情報を必要なときに必要な人に必要な場所で必要な形態で与えることです。

eラーニングのエンジンを基盤としてEPSSを考えるときには，検索性能の付加，または向上が必須で，XML技術のさらなる適用が必要になります。

FAQ（Frequently Asked Questions）

FAQとは，Frequently Asked Questionsの略で，一般的に多くの人がもち，頻繁に出てくる質問という意味があります。ウェブサイトなどの筆者があらかじめ予測されるであろう問い合わせ事項を事前に考え，回答と共に掲載したり，問い合わせが多かった質問などをまとめてQ&A方式で掲載したりするものです。

eラーニングにおいては，FAQは学習者の質問へのタイムリーな回答方法として活用されることが多くあります。従来の集合学習や，CAI（Computer Assisted Instruction）などの利用による学習の自動化では，質問者に対する返答に時間的な制限が加えられますが，FAQなどを活用することにより，一層学習者のニーズに沿ったサービスを提供することができます。

また，学習者の満足度を上げ，ドロップアウトを未然に防ぐ方法としても，eラーニングにおいてFAQは欠かせない存在になってきています。

HRM, HCM（Human Resource Management, Human Capital Management）

HRM，HCMは，従業員の能力を企業の重要な経営資源と捉え，各従業員のビジネス活動の成果や人材開発による能力向上まで含めて統合的に把握することで，従業員の能力を最大限に活用するとともに，継続的な人材開発を進める人事管理手法です。

HRMでは情報システムを活用することで，採用，評価，育成，配属，昇進昇格，給与に関する情報の統合的な管理が可能になります。従業員ごとに成果やスキルアップに対する評価を統合的に把握する点がポイントで，給与や福利厚生を管理する従来の人事情報システムとは大きく異なります。また，従業員のスキルを管理・分析し，それぞれの職務に必要な研修を実施することで効果的な人材育成が可能になります。人材育成はすべての従業員が対象になるので，その推進にはeラーニングを活用するのが効果的であると期待されています。しかし，情報システムの導入だけではHRMを実施したことにはなりません。評価の指標や内容を明確にして全従業員が納得できるようにすることが必要です。

LMS（Learning Management System）

LMSとは，eラーニングの基盤となる管理システムで，学習者のウェブブラ

ウザに教材コンテンツを配信するクライアントサーバーシステムです。LMSの基本機能は，学習者の登録，学習履歴の管理，学習の進捗管理，コンテンツ配信です。具体的には，サーバーから個々の学習者に対し，事前に設定されたコンテンツを配信し，その学習履歴をサーバー内のデータベースに蓄積します。学習履歴はLMSに保存され，学習者が次回に学習するときは前回の続きから学習できます。また学習管理者は，学習者の学習履歴を参照できます。事前に設定された条件で学習者へのメールによる学習促進など，学習の進捗管理を自動的に行えるLMSもあります。

最近では，研修の受付など研修業務の管理機能も取り込んだLMSや，コンピテンシー管理の考え方に基づいたスキル項目の定義，スキル診断，教育カリキュラムの作成など人材育成管理を実現するLMSも出てきています。また，ナレッジマネジメントやHRM（Human Resource Management）との連携により，人材育成管理の枠を越えた企業の戦略システムの一環として利用される例も出てきました。

このように，高機能化が進むLMSですが，異なるLMSでも同じ教材コンテンツが利用できるように，最近ではSCORMと呼ばれる標準化の採用が進んできています。この標準化により，学習資源の共有化や，また高品質な学習教材の安価な入手が期待されています。

ROI（Return On Investment）

そもそも企業においては，ビジネスで収益を上げることが究極の目的で，eラーニングは収益を上げることを効果的に補完する手段の1つにすぎません。eラーニングの導入も，研修出張費の削減といった部分的な最適化でなく，ビジネスで収益を上げることに対する戦略的な意思決定として行われるべきと言われ始めています。このような企業全体を経営的あるいは財務的な観点から見る際に有効な指標がROI（投資効果）です。eラーニングへの投資がどれだけ経営利益や収益に結びつくのかを評価し，投資の戦略的な意思決定を行うためにROI（投資効果）が重要なテーマとなってきています。

eラーニングのROIは，eラーニングを導入することで得られた利益を，eラーニングにかかったコストで割ることで簡易的に求められます。投資対効果に熱心なアメリカでは，産業教育業は教育の投資効果の研究が盛んで，2002年にはASTD主催のROI Networking 2002が開催され，多くの事例が発表されました。日本でも，今後はeラーニングのROIがより大きな関心を集めるようになるでしょう。

SCORM（Shareable Content Object Reference Model）

SCORMはeラーニングのプラットフォームとコンテンツの標準規格です。eラーニングでは，通常のウェブサイトのようにHTMLにより画面を表示する

だけでなく，演習問題の表示・正誤判定・採点，学習時間・演習解答習得状況などのログ取得を行う必要があります。これらの機能は通常のウェブ技術，つまり，CGIやJavaなどを使えば実現可能で，教材を一塊のウェブアプリケーションプログラムとして作り込んでしまうことも可能です。しかし，このような教材は別のサイトへの移植は非常に困難です。

このような問題点を解決するためにWBTを構成する際に，各教材に共通の機能と教材ごとに固有の機能を分離し，共通部分をLMS（Learning Management System），固有の部分を教材コンテンツとしてとして開発する，という発想が出てきます。LMSとコンテンツが分離していれば，コンテンツ部分だけを開発の対象とすればよく，異なるLMSに載せることも簡単に行えます。

LMSとコンテンツを分離するということは，両者間のインタフェースややり取りするデータの形式を規定するということです。SCORMはこのようなLMSとコンテンツの間のインタフェースやデータ形式を規定した標準規格で，アメリカのADLという団体が作成しています。最新版はSCORM Ver. 1.2です（2003年7月時点）。SCORMでは，コンテンツはLMSに読み込まれる階層型コース構造，ウェブクライアント上で実行されるSCO（Shareable Content Object），および，コース構造に付属するメタデータから構成されており，コース構造のXMLによる表現方法，および，SCOとLMSの間で演習問題の結果や学習経過時間を通信するためのデータ形式が規格として定められています。

SCORM規格が普及すれば，利用者側は多くのコンテンツベンダーの教材を自分のLMSで使用することができ，逆にコンテンツベンダーにとっては，開発したコンテンツが複数ベンダーのプラットフォームで使用可能となるため，コストをかけずにコンテンツの販路を拡大することが可能となります。このように標準化は，低コストで高品質なeラーニングサービスの実現に必須の要素ということができます。

インストラクショナルデザイン（Instructional Design）

eラーニングの導入計画およびコンテンツ開発においては教育設計が重要ですが，この教育設計手法がインストラクショナルデザイン（ID：Instructional Design）です。IDはもともと米軍の教育用として開発されましたが，その後米国の企業内教育の教育設計手法として普及してきました。現在アメリカの多くの企業がコンテンツ開発等にIDを用いています。IDは学習効率向上のためのシステム工学的手法であり，主な効果は次のとおりです。

① 学習範囲の明確化等による学習時間の短縮
② 習得度の向上
③ より正確な学習効果の測定
④ 均質で質の高いコンテンツ開発

IDの一般的な開発ステップと各ステップでの主な作業項目を示します。作業項目は実際にはもっと細かく規定されています。

〈ステップ〉　　　　　　　　　〈主な作業項目〉
① 分析————対象業務の分析，対象学習者の分析
② 設計————習得目標の明確化，学習内容の整理，提供手段と評価方法の整理
③ 開発————習得項目の設定，教材の作成
④ 提供，実施——メディアの作成・配付，学習の実施
⑤ 評価————テストなどによる習得度評価，活用度の調査，業績への貢献度評価
⑥ 改善————評価結果に基づくコンテンツの改善

オーサリングツール（Authoring Tool）

ウェブホームページのようなデジタルコンテンツの編集・作成するソフトウェアをオーサリングツールと呼び，eラーニングの場合も同様にコンテンツを作成するソフトウェアをオーサリングツールと呼びます。オーサリングツールは，LMS提供ベンダーが自社のLMSと連携可能なものを提供している場合が多いのですが，SCORMと呼ばれるLMSとコンテンツの標準化も進んできており，SCORM対応のLMSで共通に利用できるコンテンツを作成するオーサリングツールも出てきています。

視覚効果の高いアニメーションやナレーションを利用するためのFlashと呼ばれる形式を使用する場合には，専用のツールを用いる必要があり，専門的知識が必要になりますが，文字が主体のシンプルなeラーニング用コンテンツなら，専門知識がなくてもオーサリングツールに付属するテンプレートやサンプルを利用して比較的容易に作成可能です。また，PowerPointやWordなどで作成したファイルをeラーニングコンテンツに変換する機能をもつオーサリングツールもあり，目的や用途に合わせて選択することが重要です。

カークパトリックの4段階評価法

教育の評価は教育プログラムの改善や教育品質，効率向上のために重要です。評価方法としてアメリカの経営学者のカークパトリック博士が1959年に提案した4段階モデルが定着しているので，次に4段階モデルの概要を示します。

・レベル1：Reaction（反応）受講直後のアンケート調査等による学習者の研修に対する満足度の評価
・レベル2：Learning（学習）筆記試験やレポート等による学習者の学習到達度の評価
・レベル3：Behavior（行動）学習者自身へのインタビューや他者評価によ

　　　　　る行動変容の評価
　　・レベル4：Results（業績）研修受講による学習者や職場の業績向上度合
　　　　いの評価
　　レベル1，2は多くの企業が研修実施時に評価を実施しており，評価結果は次回の教育プログラムの改善や効果測定に役立てています。eラーニングシステムでは，一般にレベル1，2の評価支援機能を保有しており効率的に評価を実施できます。一方レベル3，4は当該プログラムの継続の可否を決める統括的評価に用いられますがこの評価は実践に技術と経験を要しアメリカでも実施企業も少ないのが現状であり，今後インストラクショナルデザイン技法の利用等による評価の実施が望まれます。

学習進捗管理

　　eラーニングでは多くの場合，学習者が自分のペースで学習を行う非同期型（オンデマンド型）の学習形態をとります。LMSに学習者の学習履歴が保存されるため，学習者は自分の学習進捗状況を確認しながら学習を進めることができるほか，学習管理者は個々の学習者の学習進捗状況や成績についてグラフなどで把握・管理できます。LMSによっては，学習の開始から修了までのスケジュールを個人ごとにカスタマイズでき，学習者に一定の進捗状況を提供する機能をもっているものもあります。

学習の動機付け

　　非同期型学習のように，学習者が自分のペースで学習を行える形式の学習形態の場合，受講の継続には学習者自身のやる気の持続が問題となります。この学習者のやる気を持続させるためには，メンタリングやチュータリングなどが有効ですが，企業内においては経営トップ層，所属上長，同僚などそれぞれのレベルからの動機付けも重要となります。たとえば，経営トップ層からは企業全体に向けた講話などによる動機付け，所属上長からは，学習者に対する受講促進の語りかけなどによる直接の動機付け，同僚層においては，グループ内での進捗度確認などの動機付けなどが考えられます。

画像・アニメーション・ビデオ

　　画像・アニメーション・ビデオ等のマルチメディアの利用により，コンテンツの理解度を高めることができます。画像やアニメーションは情報量が大きく，また作成に専門技術が必要とされるため，その利用は従来では限られたものでしたが，ネットワークのブロードバンド化の進展と作成ツールの発展により作成しやすい環境が整いつつあり，最近では積極的に活用されてきています。

画像・アニメーション・ビデオの種類

画像 代表的な画像は，GIFやJPEGと呼ばれるインターネットでよく用いられる形式のものです。写真画像や，イラストなどの静止画像として利用され，テキストだけでは説明しにくい内容を補います。GIFは線画，図表，イラストなどに，JPEGは写真画像に使うのが一般的です。

アニメーション アニメーションにはイラストなどの平面的なもの（2D），CGを利用した立体的なもの（3D）があります。最も多く使われているのが，Flash（フラッシュ）で作成した2Dのアニメーションです。Flash（フラッシュ）とは，米国のMacromedia社が開発した，アニメーション作成アプリケーションです。ウェブアプリケーションのプラグインツールとして無償のFlash playerも用意されており，ナレーションなどの音声を付加することが可能なことから教材コンテンツでもしばしば用いられています。

ビデオ eラーニングにおいては，ストリーミングと呼ばれる配信形態でしばしばビデオ映像が配信されます。その配信技術にはいくつかの方式があり，同期型（リアルタイム）学習，非同期型（オンデマンド）学習など目的に合わせて使い分けることが必要です。ビデオ映像を使うことで，講師の実在感のある学習が実現できるほか，飽きさせないための工夫としても効果があります。

教育効果

一般に教育によってもたらされるアウトプットを教育効果と呼びます。企業内教育においては，これまでは教育そのものを目的として，その効果を具体的に検証しない傾向がありましたが，成果主義の導入と共に教育を投資あるいは手段として捉え，そのもたらす効果の数量的な検証が不可欠との認識が生まれてきました。その考えによると教育の目的は，経営課題の遂行のために必要な人材の開発であるとされ，そのために必要な教育テーマが選ばれることになります。そして，教育の実施後にeラーニングの所期目的が達成されたか否かを調査によって検証します。調査には，アンケートやインタビューやモニタリング等がありますが，測定する項目は業績の向上が教育によってもたらされたのか，どれほどの量の向上があったかのかが中心になります。eラーニングでは，対象者全員が短期間に一斉に学ぶことができるというメリットがあり，個人ごとに異なる内容を学ぶことも可能ですので，より個人や組織の状況に応じた教育効果の拡大が期待されています。

協調学習/グループ学習

協調学習とは数人程度のグループで教え合ったり，共同で問題を解いて学習を進める方式です。この方式は学校などの対面型の学習形態では日常的に実施されており，他人からの刺激による学習意欲の向上，他人との相互作用により思考を深められ知識を整理できる，等の効果を上げています。一方，イン

ターネットやLANの普及に伴いこれらの技術を利用して，より効果のある協調学習の実現をめざした研究が行われています．代表的なものにCSCL (Computer Supported Collaborative Learning) と呼ばれるものがあり，次の2種類の形態があります．

・非同期式：ウェブ掲示板，メールを利用するもの
・同期式：チャット，会議システムを利用するもの

また，インターネットを利用してウェブ上に学習者が共同で知識構築を行う研究も行われています．実際に運用されているシステムとして，トロント大学の「Knowledge Forum」と呼ぶシステムがあります．本システムもCSCLシステムの1つで，ノートを書いて公開したり他者のノートにコメントしたりするものです．ノートは書いた本人から独立したものとして管理され，ノートに書かれている主張に自分の主張を積み上げることによって，パブリックなスペースに新たな知識を作り上げることができます．

クラス管理

研修の実施にあたっては，学習者を所属組織別や階層別，学習目的別などでクラスに分けて管理を行う場合があります．通常の集合研修では，教室の定員などによっておおまかなクラス分けしかできませんが，eラーニングにおいては学習者ごとに設定を行うことができるため，クラス分けによるよりきめ細かな管理を行うことが可能です．たとえば，事前テストの得点に応じたクラス分けを行い，理解度に応じた教材を提供することで学習効果の向上を狙うことができます．

またeラーニングでは，学習者の学習進捗度を個人ごとに測ることが可能ですが，学習者を個々に管理するよりもクラス分けして集団として把握する方が管理が容易です．クラス分けにおいては，学習進捗度の把握やその対応のしやすい単位となるようにクラスの人数や分類で構成することも必要です．最近では，eラーニングの申込受付やからクラス分け，進捗度に応じたメールによる受講促進などのプロセスの管理をシステム側で行い，学習管理者の負担を軽減できるようなLMSも提供されています．

掲示板

掲示板は，学習者同士の交流や学習者と管理者のやり取りの場で，一般に内容はすべての学習者に公開されます．掲示板を利用してフリートークやディスカッションを行うと，他の学習者と共に学習しているという意識が促進されるので，学習の継続が期待できます．また，コース内容に関する学習者からの質問とそれへの回答を掲載することで，FAQの機能をもたせ，学習者の理解をさらに深めることができます．

コンピテンシーマネジメント（Competency Management）

　　　　コンピテンシーとは，能力，つまりある職種で高い業績を上げている人に特徴的に見られる行動様式・知識・スキルをいいます。コンピテンシーは学習によって習得できるものです。コンピテンシーマネジメントとは，企業の業績向上を目的に社員一人ひとりの能力（コンピテンシー）を把握し，向上させるための企業内教育マネジメント手法です。

　　　　実施にあたっては，ある職種において高い業績を上げている人に対しヒアリング等を行い，その職種に必要なコンピテンシーを抽出します（コンピテンシーディクショナリの作成）。コンピテンシーディクショナリを用いて社員一人ひとりの評価を行い，各人に不足しているものは何か（コンピテンシーギャップ）を認識させた上で，その人に不足しているコンピテンシーのみを学習させることができるので，意欲的で効率的な学習が可能になります。コンピテンシーマネジメントとeラーニングシステムを連携することにより，より効果的な企業内教育マネジメントシステムを構築できます。

　　　　各職種への社員の任用は勤続年数に関係なくコンピテンシー評価で実施できるので，より適切な任用や抜擢が可能になります。なお，コンピテンシーに基づいた人事・評価制度は成果主義が浸透しているアメリカで導入が進んでいます。

自社コンテンツ/オーダーメードコンテンツ

　　　　自社コンテンツやオーダーメードコンテンツとは，自社用にカスタマイズしたeラーニングコンテンツを指し，カスタマイズコンテンツ，オリジナルコンテンツとも呼ばれます。例としては，自社の商品知識，自社の人材マネジメント方法，独自の商品開発手法に関するテーマなどがあり，この場合は，企業固有の知識，スキル，コンピテンシーなどを企業内に普及・浸透・理解させることを目的としています。一方，PC活用に関するスキルの習得など，広く知識の共有や標準化が進んでいる分野では，既存の汎用コンテンツやパッケージコンテンツの利用が適します。

　　　　また，作成するコンテンツの内容が複雑な場合や，動画などの難しい技術を利用する場合も，オーダーメードコンテンツとしてコンテンツベンダーに開発を委託する場合がほとんどです。コストは高くなりますが，完成度が高く分かりやすいコンテンツが得られます。

　　　　新商品や新技術の解説や情報伝達など，開発スピードが求められ簡易的でよい場合のコンテンツには，自社内でのコンテンツ作成が適しています。自社で利用しているLMSに対応したオーサリングツールを利用し，スピーディに自社開発することで他企業との差別化や企業内教育の強化が可能になります。

事前テスト/事後テスト

　　事前テストは，学習者が学習コースを受講する前に行うテストです。具体的なテストとしては，学習者が学習コースを受講するのに必要な知識をもっているかどうかを確認するためのテストや学習コースで習得する内容をテスト問題にして学習者の知識レベルを確認するテストなどがあります。これから学習するコースの前提知識を満たしているかを測定するために行われたり，学習者をレベル別に階層化するために利用される場合もあります。

　　事後テストは，学習者が学習コースを受講した後に行うテストです。事前テストの問題と比較することで学習コースに参加した学習者が学習前と学習後でどの程度の知識が定着したかを測定するための評価手段として，事前テストと事後テストのセットが用いられます。効果的な測定を行うためには，事前テストと事後テストで同様の問題を出題したり，定量的に点数が計算できる問題にすることが重要です。

　　eラーニングでは，ウェブ上でのテストの実施や評価結果の閲覧，また事前テスト結果により知識レベルに対応した学習内容を自動的に提示することも可能です。

シミュレーション（**Simulation**）

　　シミュレーションとは，実際の環境に類似した疑似体験のことをいいます。高度なシミュレーションでは，学習者があたかも実際に経験したり，レスポンスしたりするような複雑な状況を再現します。簡易的なシミュレーションでは，たとえば実際に類似した映像などの状況を再現し，その後，学習者は自分でレスポンスを入力します。

・長所：実行環境が開発される前に類似した環境で学習することで，職務遂行能力の情報を収集できます。
・短所：状況（模型）がリアルでないと，結果が職務遂行能力に反映されない場合があります。何をシミュレーションする必要があるか見極めるスキルが必要となります。

　　最近では，さらに進んだ学習形態としてシミュレーションによる学習の提案もされています。特に実験や実技を伴う場合には，理解や記憶のレベルにとどまる講義やディスカッションのレベルを超えた実践を伴うシミュレーションによる学習が効果的です。またビジネスシミュレーションを用いた研修でも知識の定着率が高くなってきています。

修 了 率

　　修了率とは，コースを最後まで学習した学習者の割合です。非同期型の場合，学習のペースを学習者の自主性のみに依存すると，期間内に学習が終了しなかったり，全く学習が行われない場合すらあり得ます。このような未修了の

状態（修了率の低下）を防ぐため，学習進捗管理の機能を活用し，進捗の遅い学習者を抽出して上司から激励してもらうなどの受講促進を行うことが重要です。LMS によっては，進捗の遅い学習者に自動的にメール配信して受講を促進する機能をもっているものがあります。また，ASP の場合でも，メンターが学習者の進捗状況を監視し，学習者の進捗が遅れている場合には，適切なアドバイスや激励メールを送付してくれるサービスを提供しているベンダーもあります。

修了率の向上のためには上記のほか，メンタリング，チュータリング，ヘルプデスク，Q＆A などによる受講支援や，コースの一単元を短くし，業務の合間でも受講しやすくするなどの各種の受講促進の工夫が必要です。

受講後アンケート

受講後アンケートとはコース学習後に学習者の意見や感想を収集するための方法です。受講後アンケートはコース評価に多く利用されます。

集合教育では，アンケート用紙を配って学習者に書いてもらいますが，e ラーニングでは，ウェブ上でアンケート項目を表示し，学習者に入力してもらう方法が一般的です。この場合は，アンケート集計も自動化され，集計結果も即座に見ることができるようなしくみにすることも可能です。自動集計のためには，単一選択や複数選択の形式の項目を作ると便利です。

LMS によっては，アンケート項目の作成，データ入力，集計機能を有するものもあり，教育運用の効率化が図れます。

セキュリティ管理（e ラーニングにおけるセキュリティ管理）

インターネットの普及に伴い，コンピュータウイルスの猛威，ウェブサーバーへの侵入や個人情報の漏えいなど，インターネットのセキュリティに関する事件が増加しています。ネットワークを利用してウェブサーバーと同様なしくみで情報配信を行い，受講履歴など個人の情報も扱う e ラーニングのシステム（LMS）では，セキュリティ管理が非常に重要となります。

e ラーニングを実施する場合，外部に公開するウェブサーバーと同様に LMS を設置しインターネットを通じて利用する形態，企業のイントラネット内に LMS を設置し企業内ネットワークに閉じた形で利用する形態，ASP サービスを利用する形態の 3 つのパターンに大別できます。

第 1 のインターネットを通じて e ラーニングを実施する場合には，インターネット用のウェブサーバーと同様に，企業ごとのネットワークセキュリティポリシーに従ったファイアウォールでの保護や，LMS に対する厳重なセキュリティ管理が必要になります。このため，企業内の情報システム部門との連携が不可欠です。また，研修内容そのものの情報も保護したい場合には，SSL と呼ばれる暗号化通信の利用なども考慮する必要があります。

第2の企業内のイントラネットに閉じた利用の場合は，外部からの攻撃を受ける可能性は低くなりますが，やはり企業内の情報システム部門との連携したセキュリティ管理が必要です。これら2パターンの場合には，eラーニング実施にあたっては，LMSを管理するシステム管理者の選任が必要です。

　これに対し，eラーニングベンダーの提供するASPサービスを利用した場合には，LMSのセキュリティ管理はベンダーに任せることになりますから，この分の負担は軽くなりますが，セキュリティ管理のしっかりしたASPベンダーの選択が必要です。

　いずれのパターンの場合でも，受講用パスワードの管理をきちんと行うなど，学習者のセキュリティ意識の向上が不可欠なのはいうまでもありません。

相互運用性（**Interoperability**）

　複数のシステムやデータを接続・組み合わせて動作可能であることを，「相互運用性がある」といいます。たとえば，日本国内では，どのメーカの電気製品の電源プラグをどこの家庭のコンセントに差し込んでも使用することができます。この場合，電源プラグとコンセントの間に相互運用性があるといいます。同様にeラーニングにおいても，あるLMS（Learning Management System）で複数ベンダーのコンテンツを実行できる，あるいは，あるコンテンツを複数ベンダーのLMSで実行できれば，LMSとコンテンツの間に相互運用性があるといいます。あるコンテンツが特定LMSでしか実行できない場合には相互運用性がないといいます。

　相互運用性のある製品が数多く存在すれば，利用者は製品の組み合わせが可能かどうかを気にすることなく，自分の目的やコストに適した製品を自由に選択することが可能になります。また，ベンダーは相互運用性を満たした上で，さらに付加価値のある製品を販売することで，市場の確保を狙うことができます。

　相互運用性を確立するためには，組み合わせる対象となるシステムやデータの間で，インタフェースややり取りするデータ項目の取り決めを行う必要があります。このような相互運用性のための取り決めが標準規格であり，標準規格を取り決めるのが標準化団体です。標準化団体には，対象となるシステムの開発ベンダーや利用者が参加する標準化コンソーシアム，国の代表が参加する国際標準化機関などがあります。標準規格によって相互運用性を確立するためには，必要な機能が十分に満たされていることはもちろん，不必要に制約条件が多くないことが求められます。しかし，機能を高めることと制約条件を少なくすることは一般に相反する場合が多く，これが標準規格を決める際の技術課題となります。また，標準化団体に参加するベンダーや国は，自らが有する技術や内部規格を標準規格として認めさせようとしますから，参加者の間での利害調整が必要となる場合もあります。

チュータリング（Tutoring）

　チュータリングとは，学習内容に関わる指導やサービスを指し，通常は担当講師が行う採点や解説，質問への対応等の学習支援を意味します。もし学習内容に不明な点がありながら何の支援も受けられないと学習者の士気が低下しますが，チュータリングでこれを防ぐことができますから，メンタリングと同様に学習の継続に有効な手段です。チュータリングを実施する際は，適切な学習支援を行える講師を確保することが重要です。コンテンツベンダーによってはチュータリング付きのコースを設定している場合もあります。

著作権

　最近はeラーニング用のオーサリングソフトを用いれば，比較的容易に教材コンテンツを制作できるようになってきました。このようなコンテンツ制作の際には著作権を侵害しないように注意する必要があります。学校教育での利用の場合や私的な利用の場合は，一定の条件下での利用が認められていますが，企業用のコンテンツを制作する場合に他者の情報を一部でも利用する場合には，その著作権者への利用許諾をとる必要があります。

　また，逆に制作したコンテンツが無断で利用されたくない場合には，デジタル著作権管理システムのような，著作権を管理するシステムを利用することも考えられます。

デジタルデバイド（Digital Divide）

　デジタルデバイドとは，インターネットやパソコンへのアクセスする機会の多さ，ITを活用する能力の差などによって，個人がもつ情報量に格差が発生するという問題を指します。所得，年齢，また居住地域におけるインフラ整備の違いなどにより発生すると考えられます。

　このようなデジタルデバイドは，年齢差や，職場におけるIT環境の格差などによって，企業内でも引き起こされます。またデジタルデバイドは，企業間や顧客・ユーザー間においても起こり得ます。

　デジタルデバイドに対処するために有効なツールとしてeラーニングが注目されています。社内のデジタルデバイドの解決を図るため，eラーニングによる研修プログラムを実施している企業もあります。

　また，国際的なデジタルデバイドの解消ツールとしても，eラーニングは注目されています。2002年夏には日本をはじめとしたアジア各国の企業・大学関係者などが参加し，「Asia e-Learning Network」の設立総会が東京で開かれました。同機構は最新のeラーニング技術共有，システム・コンテンツなどの相互運用の推進を行っており，IT教育レベルの格差などによって生じる同地域におけるデジタルデバイドの解消の推進役として注目されています。

同期型学習/非同期型学習

　　同期型学習とはインターネットテレビ会議等のリアルタイム双方向システムを用いる学習を指します。非同期型学習とは自分のペースで学習でき，その進捗がネットワークを通じた学習管理システム（LMS）で自動的に把握することができるものを指します。

　　同期型学習は，衛星通信を利用した多地点を結んだ学習の発展形といえるもので，最近のインターネットを用いたシステムでは出席者の顔を動画で配信したり，アプリケーションを双方向で共有するなどのコラボレーション機能を備えたものもあり，集合研修と同様のリアルタイム性とインタラクティブ性の高いeラーニングを実現できるようになっています。

　　非同期型学習では，学習者は自分に合ったペースで学習でき，学習管理者は学習進捗度等の情報をほぼリアルタイムに把握できることが特徴です。多くのeラーニングベンダーが非同期型学習を実現するLMSと，ITスキルや資格取得系から，財務やマーケティング，リーダーシップといった経営管理系まで多様な汎用コンテンツ（パッケージコンテンツ）を提供していることから，単にeラーニングといったときは非同期型学習を指すこともあります。

　　非同期型学習では，自分のペースで学習できる半面，意欲の低い学習者の学習を持続させることが難しく，同期型学習は，集合研修と同様に多くの学習者に同時に半強制的に学習を提供できますが，システムの機能に制約を受けるという短所があります。2つの学習方式の特徴を理解し，学習の目的によって使い分けを図ることが必要です。

ナレッジマネジメント（Knowledge Management）

　　ナレッジマネジメント（Knowledge Management（KM））とは，単に「知識管理」のことではなく，企業のようなコミュニティにおいて，社員個人のもっている知識を組織で共有化して，企業組織全体での創造性を向上させるための経営手法です。社員個人の知識には限界がありますが，それらを集めると大きな力になります。このような組織の創造性を向上させるには，個人個人でもっている知識の共有化を図ることが必要です。

　　この組織の創造性や知識の共有化を，個人の自発的な行動にだけ頼っていたのでは限界があります。企業全体として知識の共有化を推進する運動，組織的に知識を収集しておき必要に応じて容易に取り出せるように整理する体制やツールの導入などが必要になります。これらを総合的に進めるのがナレッジマネジメントです。

　　ナレッジマネジメントをサポートするツールとしては，文書管理，掲示板などのコミュニティ活動を支援する機能やグループウェアが用いられます。しかし，グループウェアを導入しただけでは効果のあるナレッジマネジメントが実現できない場合がほとんどです。ナレッジマネジメントの実現のためには，

知識の共有化，組織の創造性が重要だということを全社的に認識させる必要があります。さらに，知識の共有化を推進するためには知識を提供する人を評価するようなしくみ作りも重要となります。

また，eラーニングの導入によって，社員が業務知識を自由に学べる学習環境を整えることもナレッジマネジメントの推進には効果的と考えられます。

このように，ナレッジマネジメントの実現には，多くの場合，組織文化の改革が必要です。組織文化を改革するには全社的な取り組みが必要ですから，強力なリーダーシップをもった経営層がこれ推進し，これをサポートする組織体制も必要となります。

バーチャルクラスルーム（Virtual Classroom）

バーチャルクラスルームは，たとえば受講生同士がチャットや掲示板でコミュニケーションを図れたり，ウェブブラウザ上でライブでの授業が受けられたりするような機能をもつ仮想的な教室です。eラーニングを自分ひとりで学習していると，モチベーションが下がりやすく継続が難しい場合がありますが，バーチャルクラスルームで他の受講生とコミュニケーションを図りながら学習することで，社会的な相互作用による学習効果を高められることが期待されます。バーチャルクラスルームは集団での学習とも関わりますから，協調学習の考え方とも関係があります。

バーチャルクラスルームの実現により，わざわざ決まった時間に教室に行く必要はなくなり，これまで学校の授業が受けたくても時間的に不可能だった社会人の学習の機会が増え，留学しなくても海外の大学教授の授業も受講可能です。しかし，従来のFace-to-Faceコミュニケーションの併用が不可欠との指摘もあるほか，実際に学習効果の上がるバーチャルクラスルームの実現には，コミュニケーションを促進するオーガナイザーやメンターの導入が必要といわれ，運用面での工夫が求められています。

汎用コンテンツ/パッケージコンテンツ

汎用コンテンツやパッケージコンテンツは，レディーメードコンテンツとも呼ばれる既製品コンテンツです。知識の共有や標準化が進んでいて共通に学べる分野のものが多く，ITスキル系（エクセル，ワード，プログラム言語等），ビジネススキル系（経理，営業，戦略立案等），語学系などに大別できます。多くの企業で共通の事項を学ぶ新人研修や管理職向けマネジメントなどのコースもあります。

汎用コンテンツは，コンテンツベンダーが開発・販売している場合と，LMSを提供するシステムサービスベンダーがそのLMS用に供給している場合があり，複数の販売チャンネルで，同じコンテンツが流通している場合もあります。汎用コンテンツの利用を検討しているユーザーは，サービス提供形態と

してASP提供か，ライセンス販売（eラーニングシステムに組み込むタイプ）なのかを検討する必要があります。

　汎用コンテンツは，量販できるためカスタマイズコンテンツに比べて価格が安いというメリットがある一方，ユーザーが欲しいコンテンツとのギャップが存在する場合があります。

フィードバック（Feedback）

　フィードバックとは，「これから行う行動を導くためのこれまでに行ったその行動についての評価や記録」（杉山ら，1998），「パフォーマンスを変化させることが可能な，過去のパフォーマンスについての情報」（Daniels，1989）と定義されます。eラーニングによる学習後，講師が学習者のテスト結果や学習時間等を見て，適切なメッセージを学習者に伝えます。

　たとえば，講師が単にテスト結果を見て学習者にe-mailで「今回はテストの結果がよくないですね」とのみ伝えたとしたら，単に情報を伝えただけでフィードバックになっていません。学習者も，分かりきっていることを伝えられただけで何も行動を起こしません。同じ例で，講師が学習者のテスト結果を見て学習者にe-mailで「大変頑張りましたね。テスト結果を見ると全体の点数は悪いですが，数値計算問題は平均より高いです。今後は，苦手としている法律の問題やインターネットの基礎知識を重点的に学習してください」と伝えたとします。学習者がこのメッセージにより，やる気を出し，弱点領域を学習し始めたとしたら，この講師は有効なフィードバックをしたことになります。

　フィードバックはタイミングも重要で，学習者の結果や状況が判断できた段階で即座に行うことが大切です。

ブレンディッドラーニング（Blended Learning）

　集合研修とeラーニングを組み合わせることで双方のメリットを生かした研修をブレンディッドラーニングと呼んでいます。学習の動機付けやスキルの習得は集合研修で行い，知識の習得はeラーニングで実施するのが一般的です。これによって従来の研修の時間や経費の削減だけでなく，それぞれの手法の特徴を生かした効果的な研修が実現します。

　たとえば，新人教育においてブレンディッドラーニングを導入する場合は，最初に業界知識や製品知識をeラーニングでのセルフ学習を義務づけておき，その後に集合研修を実施して社員としての動機付けを行ったり，マナーや実務スキルを教えることになります。

　集合研修とeラーニングの組み合わせには，多様な形態が考えられます。
　・eラーニング＋集合研修
　　事前学習を済ませた後に教室でインタラクティブな学習を実施する
　・eラーニング＋集合研修＋双方向eラーニング

事前学習と教室研修，その後のバーチャルクラス
・集合研修＋eラーニング
　集合研修後のフォローアップのためにセルフ学習を実施する
この場合のeラーニングにはセルフ学習だけでなく学習者同士のディスカッションやバーチャルクラス，チューターからのメンタリングも含まれます。

ヘルプデスク（Help Desk）

　ヘルプデスクは，学習者がサイトにアクセスした時や学習途中で感じる疑問や不明な点を解消するために設けられる問い合わせ窓口です。PCの基本的な使い方や，ブラウザやネットワークの問題などのITリテラシー的なものから，コースの学習における操作方法などに関する学習者の疑問にメールや電話で回答します。また，コースの学習内容に関する質問の回答などチュータリングをヘルプデスクで行う場合もあります。

　ヘルプデスクには，多くの初歩的な問い合わせが寄せられることが多いため，事前の学習者へのお知らせや，FAQなどを設置するなどの工夫が必要です。外部のASP利用時などでも，エスカレーション（ヘルプデスクで答えられないものを次の問い合わせ先に転送すること）を社内側で受けてすばやく対応できる体制を作る必要もあります。

ポータルサイト（Portal Site）

　ポータルとは玄関の意味であり，ポータルサイトとはあるジャンルにおいて多種多様な情報を1つに束ねる役割をもち，そこから関連する情報やサービスにアクセスすることができるウェブサイトのことです。

　eラーニングのポータルサイトでは，eラーニングに関する製品情報，イベント情報，書籍情報等の紹介といったさまざまな情報提供や，検索サービスにより利用者が目的とする情報をナビゲートする機能やコンテンツサンプルで学習体験ができる機能をもっているサイトがあります。

　ポータルサイトはデザインや検索性も大切ですが，利用者に役立つ情報が豊富で，常に新しい情報が掲載され，また利用者が迅速に目的とする情報を検索できることがポータルサイトの評価につながります。また，eラーニングの知識が学べる学習情報や講演記録などをもち，利用者を引き付ける工夫がされていることも重要です。

メンタリング（Mentoring）

　メンタリングとは，知識や経験が豊かな人（メンター）が，若年者や未熟者（メンティー，プロテジェ）と基本的には1対1で，継続的，定期的に交流して信頼関係を築き，メンティーの心理・社会的な成長を支援及びキャリア発達を支援することです。eラーニングにおいてはe-mailを通して学習者への動

機付けやスケジュール管理を行うことで，学習の継続やコースの修了に大きく寄与します。

モバイルeラーニング（Mobile e-Learning）

「いつでもどこでも自分のペースで学習できる」といわれるeラーニングですが，実際には，ネットワークに接続されたパソコンがないと学習できません。これに対し，外出の多い営業マンの学習，電車の中での時間を使った学習など，どこでも学習できると期待されているのがモバイルeラーニングです。

小型のノートパソコンとPHSなどの組み合わせの場合は，パソコンを用いた通常のeラーニングと同じ教材コンテンツの提供が可能ですが，より携帯性に優れたPDAや，iモードのようなインターネットブラウジング機能をもった携帯電話の場合は，小さな画面に適した専用の教材コンテンツが必要です。また，モバイル環境では予期せぬ通信切断の可能性があるため，受講の進度に合わせて随時教材や学習進捗情報をサーバー側とやり取りする通常のLMSの通信形態とはマッチしない面もあり，モバイルeラーニングの普及はなかなか進んでいないのが現状です。

無線LANの普及や携帯電話の機能の向上などモバイル環境は常に進化しており，モバイルeラーニングの今後の発展が期待されています。教材コンテンツを一括ダウンロードする利用形態や，小さな画面に適した要点のみの復習学習など，パソコンを利用した通常のeラーニングとは異なった利用方法も提案されています。

ユーザビリティ（Userbility）

ユーザビリティとは，ユーザーにとって使い勝手，使いやすさ，利用品質を指します。ユーザーが利用することでユーザーにとってプラスの利益をもたらすことができるかが大きな問題となります。たとえばウェブのサイトで買い物をしようと思った際，買いたいものがなかなか出てこなければ，買う気も失せてしまうでしょう。多くの費用をかけて開発したコンテンツやシステムでもユーザーにとって扱いにくいものならば，ユーザーにも提供者にも利益を生み出しません。

eラーニングにおいては，学習者のやる気が学習の進捗を左右する場合が多くなります。たとえば，何度もクリックしないと次へ行かない，長くスクロールする画面，見にくいレイアウト，いら立ちを感じる色彩，分かりにくいボタン位置，長々と続く解説文，質問不可等々。こうした学習者に無頓着なコースデザインに出合うと学習者の多くは学習を止めてしまいます。コンテンツやLMSのユーザビリティを十分に考慮した操作性や機能，学習の展開などを設計することが重要です。

ラーニングオブジェクト（Learning Object），LOM（Learning Object Metadata）

　　ラーニング・オブジェクト（Learning Object（LO））とは，コンテンツやテストの学習教材を構成する基本単位を指します。たとえば教材を各章ごとに独立させてオブジェクトと呼ばれるパッケージにすることで，受講者が自分に必要なもののみピックアップしたeラーニングを受講することができます。またこのようなラーニングオブジェクト（LO）をライブラリ化することで，学習者のニーズや学習段階に合わせた学習プロセスを柔軟に構築できます。

　　LOMはLearning Object（LO）に関するメタデータです。メタデータとは「データに関するデータ」で，対象となるデータの性質を記述するために用いられます。LOMの場合，対象となるデータ（LO）は，教育研修に使用されるデジタル，非デジタルリソースで，eラーニングコンテンツ，マルチメディアデータ，教育用ソフトウェア，教科書，問題集，集合研修など，教育研修に利用可能なあらゆるものが対象となります。

　　このようなLOの性質を記述するために，LOMは以下のようなデータ項目から構成されています。

- 一般：LOのタイトル，内容記述などの一般的情報
- ライフサイクル：LOの経歴状況やバージョン情報，LOの作成者の情報
- メタメタデータ：メタデータ自体の作成者や更新履歴の情報
- 技術的事項：LOのデータ形式など技術的な特徴や実行環境条件などの情報
- 教育的事項：LOの難易度，想定学習者，タイプ（解説文・図表・演習）など教育的特徴に関する情報
- 権利：LOの知的所有権や利用条件の情報
- 他オブジェクトとの関連：他LOとの関連（前提・部分・派生，など）の情報
- 注釈：LOの利用におけるコメントおよびコメント作成者・作成日に関する情報
- 分類体系：LOがある特定の分類体系のどこに属するかの情報

　　LOMを使って，上記のような項目からなるLOデータベースを作成しておくと，必要な教育条件に合ったLOを検索・抽出することが可能になります。LOMの応用として，カリキュラムや育成体系の記述，LO再利用のためのリポジトリの構築，LO流通のための属性情報記述，などをあげることができます。

ラーニングコミュニティ（Learning Community）

　　eラーニングを利用する場合，単独の学習者の受講を促進したり，複数の学習者による協調学習を行うために，学習者相互のコミュニケーションを図るコミュニティを形成することがよくあります。チャットなどのリアルタイムコミュニケーションツールを用いたり，電子掲示板やメールを用いたりして学習

者相互のコミュニケーションを実現します。また，学習者だけでなく講師が参加したり，メンターと呼ばれる促進者が参加する場合もあります。受講の修了率を上げるためだけでなく，受講した知識に関するコミュニケーションにより，知識の定着も図れますから，ラーニングコミュニティの構成は，より効果的なeラーニングの実現にとって重要です。

リファレンス（Reference）

　　リファレンスとは，本来は必要な情報を得るための参考文献のことを指しますが，eラーニングにおいては，ウェブ上で提供される学習支援情報として，研修内，また研修終了後などにおいて利用されます。

　　eラーニングにおけるリファレンスには，関連サイトなど参考情報を提供するさまざまなウェブ上のサービスが含まれますが，書籍などを利用した他の学習形態と違い，時間・場所にとらわれず量的にもほぼ制限なく情報が提供されることが特徴です。研修中に提供されることは当然ですが，研修後も補完的な役割としてウェブを使ったリファレンスは有効といえます。

　　環境の違いによるeラーニングへのアクセス可能範囲の格差（自宅ではアクセスできるが，職場ではできないなどの学習環境の差）は，eラーニングでのドロップアウトの主な原因になりえます。そのような状況を解消するツールとしても，研修中，また研修後のリファレンスへのアクセスは重要だと考えられます。

NPO法人 **日本イーラーニングコンソシアム**
『eラーニング導入ガイド』編集委員会

土屋　　洋（リクルート）
小川　正夫（NTTラーニングシステムズ）
金子　一久（NEC）
小林建太郎（デジタル・ナレッジ）
飯田　哲也（イオネット）

索引

▶あ

アウトソーシング　101
インストラクショナルデザイン　102, 154
イントラ型eラーニング　62
イントラネット　6, 149
運用　45, 110
運用管理者　110
運用サポート　62
運用体制　45
オーサリングツール　86, 155
音声　95

▶か

カークパトリックの4段階評価法　143, 155
回線のスピード　58
学習管理　124
学習管理機能　73
学習管理者　111
学習効果の測定　142
学習者管理　63
学習者への動機づけ　116, 156
学習する企業文化　19
学習ポータル　121
学習履歴　127
カスタマイズ　88
価値中心のROI　139
管理者サポート　63
教育のROI　138
講義　82
コース管理　64
コース更新　107
コース構造設計　103
コース制作　64

コース制作方針設計　103
コース配信　63
コスト中心のROI　138
コンピーテンシーマネジメント　15, 159

▶さ

サーバー　57
試行　45
システム管理者　110
システム構築　53
システム部門　60
ジャストインタイムトレーニング　145
仕様策定　71
進捗管理データ　73
ストリーミング　82
ストリーミング方式　59
総括責任者　113

▶た

ダウンロード方式　59
チューター　46, 113, 119
テスト問題　102
テストラン　72
テンプレートデザイン　103
動画　97
統括責任者　111
同期型学習　75, 164
登録　122
独自コンテンツ　86
トップの力　116

▶な

ナレッジマネジメント　42, 164
ナローバンド　92
ネットワーク回線　57

▶は

バーチャル講義　83
バーチャル図書館　80
パソコン　58
パフォーマンスサポート　15
汎用コンテンツ　85, 165
非同期型学習　76, 164
ブレンディッドラーニング　15, 41, 166
ブロードバンド　92
プロトタイピング　103
分析　103
ヘルプデスク　44, 61, 113, 128, 167
ベンダー　41

▶ま

マルチベンダー　41
メンター　44, 113, 119
モバイルラーニング　56, 168

▶や

要件定義　71

▶ら

ライセンス管理　63
ログイン　122

ASP　7, 149
EPSS　34, 151
eラーニング導入の5W1H　34
eラーニングのグローバル展開　38
FAQ　105, 152
HRM　16, 152
LCMS　86
LMS　62, 152
PowerPoint　98
SCORM　69, 153

特定非営利法人 日本イーラーニングコンソシアム（略称 eLC）

日本イーラーニングコンソシアムは、日本におけるeラーニングの普及を目指して、前身であるTBTコンソーシアム（1996年設立）を経て2001年10月に発足しました。活動目標として以下の3つを掲げています。

（1）eラーニング情報の提供
（2）eラーニングシステムの構築、運営に関わる人々への教育
（3）eラーニングシステムおよびコンテンツの標準化の推進

また、7つの委員会を中心に多彩な活動を進めていますが、主な活動は年2回の"e-Learning Forum"の開催、eラーニング関連セミナーおよび技術講習会の実施、SCORM標準規格に関する情報提供、SCORM対応製品の認証試験実施、「インストラクショナルデザイン入門」（東京電機大学出版局）等の出版、ホームページや月例会での情報提供等です。

eLCはeラーニング関連企業に限らず、ユーザー企業、教育機関、個人にも門戸を開いており、2004年2月現在、法人会員110社、個人会員10人にて構成されています。

　会　長：小松秀圀
　住　　所：〒103-0012 東京都中央区日本橋堀留町1-4-3 日本橋MIビル6F
　電　話：03-5640-1017　　FAX：03-5640-1018
　eメール：info@elc.or.jp　　URL：http://www.elc.or.jp

---

eラーニング導入ガイド

2004年3月20日　第1版1刷発行	編　者　NPO法人 日本イーラーニングコンソシアム
	発行者　学校法人　東京電機大学
	代表者　丸山孝一郎
	発行所　東京電機大学出版局
	〒101-8457
	東京都千代田区神田錦町2-2
	振替口座　00160-5-71715
	電話　(03)5280-3433（営業）
	(03)5280-3422（編集）
組版　(有)編集室なるにあ	© e-Learning Consortium Japan 2004
印刷　新灯印刷(株)	
製本　渡辺製本(株)	
装丁　福田和雄	Printed in Japan

＊無断で転載することを禁じます。
＊落丁・乱丁本はお取替えいたします。

ISBN4-501-53730-2　C2004